August Wilhelm Dieckhoff

Staat und Kirche

prinzipielle Betrachtungen über das Verhältniss beider zu einander aus dem

Gesichtspunkte des christlichen Staats

August Wilhelm Dieckhoff

Staat und Kirche
*prinzipielle Betrachtungen über das Verhältniss beider zu einander aus dem
Gesichtspunkte des christlichen Staats*

ISBN/EAN: 9783743490468

Hergestellt in Europa, USA, Kanada, Australien, Japan

Cover: Foto ©Lupo / pixelio.de

Manufactured and distributed by brebook publishing software
(www.brebook.com)

August Wilhelm Dieckhoff

Staat und Kirche

Staat und Kirche.

Principielle Betrachtungen über das Verhältniß beider zu einander aus dem Gesichtspunkte des christlichen Staats,

nebst einem Anhange

über das neue preußische Schulaufsichtsgesetz

von

Dr. August Wilhelm Dieckhoff,

Professor der Theologie zu Rostock.

Leipzig,

Verlag von Justus Naumann.

1872.

Die Trennung von Staat und Kirche, mit der es dem Anschein nach jetzt Ernst werden soll, kann in sehr verschiedenem Sinne verstanden werden.

Am nächsten liegt es, darunter zu verstehen, daß die Kirchenregierungsgewalt, die in die Hand der Landesherrschaft gekommen ist, von dieser wieder getrennt und der Kirche zu eigener und selbstständiger Verwaltung zurückgegeben wird, so daß dem Staat nur das ihm als solchem gehörende Recht in Beziehung auf die religiösen und kirchlichen Dinge verbleibt, das sogenannte Hoheitsrecht, jus majestatis oder jus circa sacra. Eine solche Trennung von Staat und Kirche wird von Vielen als die Bedingung zur Herstellung des rechten, dem Wesen des Staats wie der Kirche gemäßen Verhältnisses zwischen beiden betrachtet. Ich gehe auf eine Beurtheilung der hier einschlagenden Fragen nicht ein. Ich beschränke mich auf die Bemerkung, daß die Trennung von Kirche und Staat in dem bezeichneten Sinne, wie auch sonst über dieselbe zu urtheilen sein möchte, jedenfalls nicht im Widerspruche mit den evangelischen und reformatorischen Verfassungsgrundsätzen unserer Kirche stehen würde, denn diese sind auf den Unterschied der beiden Gewalten, der weltlichen und kirchlichen, und damit auf den Unterschied zwischen der zur Gewalt der weltlichen Obrigkeit gehörenden cura religionis et sacrorum und der der Kirche gehörenden Kirchenregierungsgewalt gegründet.

Die Trennung von Staat und Kirche in dem bezeichneten, zunächst liegenden Sinne schließt die Trennung des Staats vom Christenthum, das Aufhören des christlichen Staats nicht noth-

1

wendig ein. Eben deshalb schlösse sie auch nicht nothwendig aus, daß troß dieser Trennung das Verhältniß zwischen Staat und Kirche das des innigsten Verbundenseins und Zusammenwirkens bliebe oder sich zu einem solchen gestaltete.

Die Trennung von Staat und Kirche wird aber auch in einem ganz anderen Sinne verstanden, nämlich in dem Sinne des religions- losen Staats, wonach die Trennung des Staats von der Kirche identisch mit der Trennung desselben vom Christenthum ist. Diese Auffassung ist zur Zeit die herrschende. Und weiter ist es That- sache, daß die Trennung von Staat und Kirche in diesem Sinne auch von Vielen gefordert wird, welche keineswegs Willens sind, mit dem christlichen Glauben und mit der Kirche zu brechen, welche vielmehr meinen, die so verstandene Trennung von Kirche und Staat sei auch im Interesse der Kirche gefordert. Auch in christlichen und confessionellen Kreisen ist unter dem Einflusse der naturalistischen Zeitgedanken das Verständniß des Begriffs des christlichen Staats vielfach verloren gegangen, und damit zugleich die Erkenntniß, daß nur von der Basis des christlichen Staats aus das rechte Verhält- niß zwischen Staat und Kirche realisirt werden kann.

Man macht geltend, daß der Staat zu denjenigen natürlichen Ordnungen menschlichen Gemeinschaftslebens gehört, welche nicht erst mit der Kirche und durch die Gnadenthaten Gottes, auf denen die Kirche ruht, gesetzt sind, sondern ihrem Wesen und ihrer Sub- stanz nach vor der Kirche und unabhängig von derselben da sind. Von solchen natürlichen Ordnungen gelte eben deshalb, daß sie in diesem ihrem eigenen Wesen und selbständigen Bestande durch die Kirche, durch das Christenthum nicht verändert werden können, ohne in ihrer eigenen Wahrheit zerstört zu werden, daß sie also durch die Kirche, durch das Christenthum in ihrem eigenen Wesen und selb- ständigen Bestande auch nicht verändert werden dürfen. Die Wahr- heit des Staats, die rechte Verwirklichung seiner Aufgaben hänge

davon ab, daß das Leben und Thun des Staats dem nicht erst durch
das Christenthum, sondern unabhängig von demselben mit ihm selbst
gesetzten natürlichen Wesen desselben und den darin liegenden Gesetzen entspreche. Dem eigenen natürlichen Wesen des Staats seien
die Normen und Zielpunkte für Leben und Thun des Staats zu
entnehmen. Der Begriff des christlichen Staats sei also ein un-
echter und unberechtigter, ja ein inhaltsloser.*) Auch das rechte
Verhältniß zur Kirche habe der Staat von der Basis seines recht-
erfaßten eigenen natürlichen Wesens aus zu finden. Von christlicher
Seite wird zur Rechtfertigung dieser naturalistischen Auffassung vom
Staat auch wohl geltend gemacht, daß auch ein Volk, das in der
Art ein christliches ist, daß seine sämmtlichen Glieder zugleich Glieder
der äußerlichen Kirche Christi sind, doch als Ganzes nur ein Glied
der natürlichen, unwiedergeborenen Menschheit sei, als Volk nicht
ein Glied der von dem Geiste Christi beseelten Gemeinde der Gläu-
bigen sein könne. Und so könne es denn also auch immer nur die
Aufgabe des Staats und der Staatsobrigkeit sein, den natürlichen
Volkswillen zu vollbringen.**)

Es liegt den Sätzen dieser naturalistischen Auffassung vom
Staat — das darf nicht übersehen werden — ein bedeutungsvolles

---

*) So urtheilt schon Locke, dessen Theorie für die moderne, naturalistische
Staatslehre von so großem Einfluß geworden ist. Locke fordert vollständige
Trennung von Kirche und Staat. Der Staat hat es nach ihm nur mit dem
leiblichen Wohl, dem zeitlichen Leben zu thun, die Kirche nur mit dem
Seelenheil. So wird dann von Locke der christliche Staat schlechthin verneint, ja als etwas bezeichnet, das gar nicht existirt. Es gibt zwar Städte
und Königreiche, die den christlichen Glauben angenommen haben, aber sie
haben ihre alten Regierungsformen beibehalten, in welche das Gesetz Christi
gar nicht eingegriffen hat. „Christus hat die Menschen nur gelehrt, wie sie
durch den Glauben und gute Werke das ewige Leben erlangen mögen, aber
er hat keinen Staat gegründet."

**) Vgl. von Scheurl, Bekenntnißkirche und Landeskirche, Erlangen
1868 S. 36 f.

Wahrheitsmoment zu Grunde. Es ist ja unzweifelhaft wahr, daß der Staat zu denjenigen natürlichen Ordnungen menschlichen Gemeinschaftslebens gehört, welche vor und außer dem Christenthum da sind, deren Wesen und Natur etwas mit ihnen selbst gesetztes und somit auch dem Christenthum gegenüber gegebenes sind. Und so ist es denn auch wahr und muß als wahr auch für den Christen und die christliche Betrachtung feststehen, daß das Wesen und die Natur des Staats erkannt und zur Geltung gebracht werden muß, damit es zur rechten Verwirklichung desselben und zur rechten Lösung der ihm gesetzten Aufgaben kommen kann. Es ist ein unberechtigtes christliches Phantasiren, wenn man die selbständige Natur des Staats nicht zur Basis aller Betrachtungen über den Staat, über seine Aufgaben und über die Mittel und Wege macht, die ihm zur Lösung seiner Aufgaben zu Gebote stehen. Niemand zweifelt daran, daß die verzogenen menschlichen Figuren auf mittelalterlichen Bildwerken trotz der christlichen Schönheit, die in ihnen oft genug ihren Ausdruck gefunden hat, Mißbildungen einer noch unvollkommenen Kunst sind; es ist ein wahrer Fortschritt, daß man die anatomischen Gesetze des Körperbaus zum Fundamente der bildenden Künste gemacht hat, und es wäre unstreitig widersinnig, wenn man ein Zurückweisen dieser Entwickelung als Forderung der christlichen Kunst hinstellen wollte. Es ist das Charakteristische der modernen Entwickelungen, überall darauf zu bringen, daß ein Jedes aus dem Wesen und den Gesetzen seiner Natur erkannt und demgemäß behandelt werde. Im Interesse des Christenthums liegt kein Grund vor, sich dem Berechtigten in diesem Grundsatze der modernen Kultur zu verschließen. Das Berechtigte darin steht mit dem Christenthum und seinen Forderungen so gewiß nicht im Widerspruche, als auch Christenthum und Kirche eine von Gott gesetzte Natur haben, mit welcher zugleich die selbständige Norm und das selbständige, natürliche Recht ihrer Entwickelung und Gestaltung gegeben ist. Das Wesen des Staats ist also als ein selbständiges auch für das Christenthum, für die Kirche da, und die Gestaltung desselben kann nur dann eine rechte sein, wenn sein eigenes selbständiges Wesen unverletzt bleibt, und alles diesem Wesen des Staats und den darin liegenden Gesetzen entspricht.

Allein sollte darum der Begriff des christlichen Staats ein un= berechtigter und dagegen die Forderung des naturalistischen Staats begründet sein? Sollte es begründet sein, zu sagen, der Beruf des Staats bestehe in der Vollbringung des natürlichen Volkswillens?

Ich meine, gerade in dieser letzteren Fassung der Frage tritt der Irrthum, der falsche Schluß der naturalistischen Staatstheorie recht offen hervor.

Die Natur des Staats, die wir im Begriffe desselben zu er= fassen suchen müssen, das Wesen dieser natürlichen Gemeinschafts= ordnung des Staats, ist etwas ganz anderes als der natürliche Wille, den die Menschen etwa im Staate zur Geltung zu bringen suchen. Es ist gar keine Frage, daß der Christ in den natürlichen Gemeinschaftsordnungen, die, was sie als solche sind, auch für ihn sein sollen, mit seinem neuen wiedergeborenen Geistwillen leben soll, daß zwar die Normen, die in der wahren, durch Gottes Schöpfungs= ordnung gesetzten Natur der natürlichen Gemeinschafsordnungen liegen, Gesetze sind, die auch für den Geistwillen des Christen gelten und auch von dem Christen nicht ungestraft verletzt werden, daß aber keineswegs gesagt werden kann, es sei der Beruf des Christen, in den natürlichen Gemeinschaftsordnungen seinen natürlichen Willen, welcher ja der nicht wiedergeborene böse Wille ist, zu vollbringen. Also es ist ein Unterschied zwischen der Natur, d. h. dem durch Gottes Schöpfungsordnung gesetzten Wesen der natürlichen Gemeinschafts= ordnungen und dem natürlichen Willen der Menschen, mit welchem sie in diesen Gemeinschaftsordnungen leben. Man braucht nur diesen für den Christen selbstverständlichen Unterschied festzuhalten, um auch

die Grundlage für das rechte Verständniß des Begriffs des christ=
lichen Staats und seiner für Staat und Kirche so weitreichenden Be=
deutung in der Hand zu haben.

Es wird zur Vorbereitung für das dienen, was in Betreff des
Staats auszuführen ist, wenn wir den Blick zuvor auf einen ver=
wandten Punkt richten, wo das, worum es sich handelt, klarer und
unbestrittener vorliegt.

Ein dem Begriff des christlichen Staats verwandter Begriff ist
der der christlichen Ehe. Auch die Ehe ist eine natürliche Ordnung
menschlichen Gemeinschaftslebens, die nicht erst auf dem Boden des
Christenthums entstanden ist. Dennoch zweifelt wohl niemand, daß
die christliche Ehe eine höchst bedeutungsvolle Realität ist, und daß
daher auch der Begriff der christlichen Ehe ein berechtigter sein muß.
Es ist eine bekannte Thatsache der Geschichte, daß das Christenthum
den tiefeingreifendsten Einfluß auf die Gestaltung der Ehe gewonnen
hat, und daß die Ehe in der christlichen Welt sehr bedeutungsvolle
Unterschiede von der Ehe in der außerchristlichen Welt darbietet,
obwohl durch das Christenthum das, was den natürlichen Wesens=
bestand der Ehe ausmacht, nicht verändert wird. Die Ehe, wie der
Staat, ist als natürliche Ordnung menschlichen Gemeinschaftslebens
zugleich eine sittliche Lebensordnung, und was eine solche sitt=
liche Lebensordnung in der Wirklichkeit ist und wird, ist nicht etwa
nach Art einer physischen Naturnothwendigkeit durch ihre natürliche
Substanz bedingt, sondern hängt von dem Verhalten der Menschen
in ihr und zu ihr ab. Was die Ehe wirklich ist, hängt davon ab,
wie wir in ihr leben, und wie wir sie gebrauchen. Und zwar gilt
dies nicht blos von der Führung der Ehe, die eine sehr verschiedene,
eine gute und böse sein kann, während das Wesen der Ehe selbst,
die Ehe in ihrem Wesensbestande, davon unberührt bleibt. Die
Folgen des Verhaltens der Menschen zur Ehe greifen bis in den
Wesensbestand der Ehe selbst hinein, der keineswegs ein unveränder=

licher ist. Der wahre Wesensbestand der Ehe hat seine Wirklichkeit allein in der monogamischen Ehe, die ihrem Begriffe nach unauflöslich ist. Aber die Wirklichkeit dieses wahren Wesensbestandes der Ehe ist keineswegs eine unter den Menschen unveränderlich gesicherte, keineswegs etwa so als unveränderliche gesichert, wie die Arten der natürlichen Dinge durch die Schöpfung unveränderlich festgestellt sind. Es giebt auch Polygamie. Das römische Recht erkannte nicht blos die Ehe, sondern auch den Concubinat als berechtigt an. Nicht blos die Internationale fordert Weibergemeinschaft; schon Plato, der am meisten ideal und auf das Ewige gerichtete unter den Philosophen des classischen Heidenthums, hat die Weibergemeinschaft in seinem besten Staate gefordert. Und um das nächstliegende nicht zu übersehen, wird denn nicht durch eine immer laxer werdende Ehegesetzgebung der wahre Wesensbestand der Ehe selbst immer mehr untergraben und aufgelöst? Wenn wir in Betreff der natürlichen Ordnungen menschlichen Gemeinschaftslebens von der ihnen eigenthümlichen Natur, von ihrem Wesen sprechen, so dürfen wir nicht übersehen, daß sich keineswegs der Begriff dieses ihres Wesens mit der Wirklichkeit desselben unter den Menschen immer und nothwendig deckt, daß vielmehr die tiefgreifendsten Gegensätze zwischen Begriff und Wirklichkeit stattfinden können, daß es von dem sittlichen Verhalten, von der sittlichen Arbeit der Menschen und Völker abhängt, ob und wie weit die Wirklichkeit der natürlichen Gemeinschaftsordnungen, in denen die Menschen leben, dem wahren Begriffe derselben entspricht, und daß ebendeßhalb auch der Begriff von dem wahren Wesen solcher natürlichen Gemeinschaftsordnungen gar nicht unmittelbar ihrer Wirklichkeit entnommen werden kann, daß derselbe vielmehr an sich erkannt sein will, wenn die Wirklichkeit demselben soll entsprechend gestaltet werden können. Der wahre Begriff von dem Wesen einer natürlichen Gemeinschaftsordnung steht aber, — und das wird von entscheidender Bedeutung für unsre Frage, — obwohl er nichts enthält, als das, was das wahre Wesen dieser natürlichen Gemeinschaftsordnung ausmacht, doch auf dem Boden des natür= lichen Bewußtseins und Willens nicht fest. In den letzten De= cennien des vorigen Jahrhunderts war es herrschende Meinung bei Theologen und Philosophen, daß es unmöglich sei, einen „geome= trischen" Beweis wider die Vielweiberei zu führen, daß die Viel= weiberei zwar im Neuen Testamente verboten sei, welches Verbot denn auch die Christen binde, daß dieses Verbot aber nicht in die philosophische Sittenlehre gehöre, daß vielmehr nach dem Naturrecht die Vielweiberei erlaubt sei.*) In der That, auf dem Grunde des natürlichen Bewußtseins kann der Begriff vom wahren Wesen der Ehe nicht festgestellt werden. Noch viel weniger kann die Wirklichkeit der wahren Ehe unter den Menschen durch den natürlichen Willen derselben sicher gestellt werden. Der Begriff von der Ehe als der Begriff vom Wesen einer sittlichen Gemeinschaftsordnung ist ein sittlicher Begriff, und als solcher kann er, wie alles Sittliche, in seiner Wahrheit nur durch die Offenbarung des göttlichen Worts für die Menschen feststehen. Der Begriff vom wahren Wesen der Ehe, wie die Wirklichkeit der Ehe nach ihrem wahren Wesensbestande, hängen unauflöslich von der Offenbarung im Worte Gottes, und eben des= halb auch von dem Christenthum in der Kirche ab, welches auf dem Grunde des Wortes Gottes das wahre Wesen der Ehe wahrt und bezeugt. Freilich, gerade innerhalb der christlichen Welt kann sich dieser Zusammenhang für viele leicht verdunkeln. Es gilt hier, was Julius Müller einmal sagt, daß viele aus dem Strome schöpfen, ohne seine Quelle zu kennen. Die Wirkungen der göttlichen Wort= offenbarung und des Christenthums der Kirche im Gebiete des Sitt= lichen reichen weiter als die Gnadenwirkung des Wortes Gottes zum seligmachenden Glauben. So erstreckt sich auch die Wirkung der

---

*) Vgl. Christian Wilhelm Franz Walch, Neueste Religionsgeschichte, Th. 9. S. 471 ff.

göttlichen Wortoffenbarung und des Christenthums der Kirche auf
die Gestaltung der Ehe unter den Menschen weiter, als die Gnaden=
wirkung der Offenbarung. Es handelt sich da zunächst nur um die
Feststellung des wahren Begriffs von dem Wesen der Ehe, als einer
sittlichen Ordnung menschlichen Gemeinschaftslebens, und so kann sich
derselbe als wahrer Begriff auch solchen aufdrängen, die durch das
Wort Gottes nicht wiedergeboren werden. Es kann bei solchen die
Täuschung entstehen, als ob dieser Begriff von der Ehe als der
wahre, natürliche Begriff von derselben, auch abgesehen von der
Offenbarung, feststehe. Eben diese Täuschung ist in unsrer Zeit weit
verbreitet. Und doch liegt der Beweis für den Irrthum dieser
Täuschung in der Geschichte der letzten Jahrhunderte, wie sie identisch
ist mit der Entwickelung des modernen Geistes, bereits hell genug
vor. Der Deismus, der sich in Herbert von Cherbury mit Ver=
neinung der positiven Offenbarung auf die naturalistische Basis
stellte, meinte die Sätze der natürlichen Religion, wie sie unter dem
Einflusse des Glaubens der Kirche in der mittelalterlichen Scholastik
ausgebildet waren, die Sätze der im Mittelalter ausgebildeten christ=
lichen Schulphilosophie, als zweifellos feststehende Wahrheiten der
natürlichen Vernunft festhalten zu können; aber die Entwickelung der
neueren Philosophie, die in Pantheismus und Materialismus endigte,
legte es dar, daß jene Sätze den festen Halt ihrer Gewißheit ver=
loren haben, sobald sie auf den Boden der natürlichen, von der
Offenbarung im Worte Gottes losgelösten Vernunft, auf die natu=
ralistische Basis gestellt werden. Im Besondern ergab sich damit
zugleich, daß auf dem naturalistischen Boden auch die moralischen
Wahrheiten der Unsicherheit und Zersetzung preisgegeben sind. Man
erinnere sich nur an den Proceß der innern Auflösung der Moral
in der Entwickelung der englischen Moralphilosophie, und an die
Zerstörung aller Moral durch die französischen Encyclopädisten und
Materialisten. Der Christ weiß es, daß zwar das Gesetz, welches

Gott bei der Schöpfung in das Herz des Menschen geschrieben hat, seinem Inhalte nach dasselbe ist mit dem im Worte Gottes geoffenbarten, daß es so mit dem Gewissen auch im natürlichen Bewußtsein der gefallenen Menschheit zu existiren nicht aufhört, daß es aber in demselben nur als ein dunkles und unsicheres Licht fortscheint. Dieses natürliche Licht des in das Herz geschriebenen Gesetzes manifestirt sich in der Sittlichkeit des natürlichen Menschen, in den sittlichen Urtheilen der Einzelnen, wie der Völker, und in dem Guten, wie dasselbe im Unterschiede von dem wahrhaft Guten, dem vor Gott Guten, auch dem natürlichen Menschen zu thun möglich ist. Aber es manifestirt sich da überall nur vielfach getrübt, und als ein solches, das in seinen einzelnen Weisungen für das Bewußtsein der Einzelnen wie größerer Kreise und ganzer Völker durch die sündigen Neigungen und Bestrebungen des natürlichen Willens so leicht mißdeutet, in Zweifel gezogen, gefälscht, zurückgedrängt, bestritten, und als Vorurtheil und grundlose Meinung verworfen wird. Die Schrift des natürlichen Gesetzes im Herzen wird erst wieder durch die Gesetzesoffenbarung im Worte Gottes hell und zu deutlicher Bestimmtheit erhoben, und nur vermittelst der objectiv festen Gesetzesoffenbarung im Wort kann das Sittengesetz in seiner in Gott gegründeten Wahrheit für das Bewußtsein der Menschen befestigt werden. Es ist unmöglich, mit Absehen von der Gesetzesoffenbarung im Wort, oder gar mit Verneinung derselben auf dem Grunde des natürlichen Bewußtseins der gefallenen Menschheit das Sittengesetz in seiner Wahrheit und in seinem rechten Lichte zu erfassen und festzuhalten. Die Systeme der sogenannten natürlichen oder Vernunft-Moral, welche auf solchem naturalistischen Wege entstehen, sind daher gar nicht reine und getreue Darstellungen des natürlichen Gesetzes, wie es von dem Schöpfer ins Herz des Menschen geschrieben ist, sondern sie sind nur trübe, unsichere, mehr oder weniger gefälschte Bilder dieses natürlichen Gesetzes, wie sich dieselben im natürlichen Bewußtsein der sündigen

Menſchheit abſpiegeln. So kann es denn z. B. zu der Behauptung
kommen, daß nach dem Naturrecht die Vielweiberei erlaubt ſei,
während ſie doch nach dem natürlichen, von Gott ins Herz geſchrie-
benen Geſetze ebenſo wenig erlaubt iſt wie nach der Geſetzesoffen-
barung im Wort, mit der ja jenes dem Inhalte nach identiſch iſt.
Nur die Verkehrung des natürlichen Geſetzes in dem naturaliſtiſch
entſtandenen Syſteme des Naturrechts führt zu einer Behauptung,
wie der vom Erlaubtſein der Vielweiberei. Das natürliche Geſetz
und die auch unter einander in ſo mannigfachem und unausgleich-
barem Streite ſtehenden naturaliſtiſchen Moralſyſteme ſind zwei ſehr
verſchiedene und wohl zu unterſcheidende Dinge.

Wir kehren zur Betrachtung des Staats zurück. Was von der
Ehe gilt, das gilt auch vom Staate, der ebenfalls eine ſittliche Ordnung menſchlichen Gemeinſchaftslebens iſt, und deſſen wahre Verwirklichung daher ebenfalls davon abhängt, daß ſeine ſittlichen Vor-
ausſetzungen die wahren ſind. Auch vom Staate gilt es ebendeshalb,
daß er ſeine eigne wahre Verwirklichung nur durch das Chriſtenthum
finden kann, und daß er, losgelöſt von demſelben, auf die natura-
liſtiſche Baſis geſtellt, nach ſeinem eigenen Weſensbeſtande der Ver-
derbung, der Zerrüttung und der Auflöſung verfällt.

Wie bereits anerkannt wurde, iſt der Staat eine natürliche
Ordnung menſchlichen Gemeinſchaftslebens, die nicht erſt durch das
Chriſtenthum und die Kirche geſetzt iſt, und die ſich ihrem eignen
Weſen und den darin liegenden Geſetzen gemäß zu geſtalten hat.
Davon, daß dies geſchieht, hängt die Geſundheit des Staats, hängt
die Möglichkeit der Löſung ſeiner Aufgaben ab. Aber auch vom
Staate, wie von jeder ſittlichen Ordnung menſchlichen Gemeinſchaftslebens gilt es, daß die rechte Verwirklichung deſſelben, die dem
wahren Begriffe von ſeinem Weſen und den darin liegenden Geſetzen
entſpricht, nicht von ſelbſt da iſt oder mit einer Art von Naturnothwendigkeit ſich durchſetzt, ſondern von dem freien ſittlichen Verhalten

und Thun der Menschen im Staate abhängt. Nicht einmal der im Staate zu verwirklichende rechte Begriff von seinem Wesen und den damit gegebenen Gesetzen und Aufgaben ist mit der Wirklichkeit des Staats als ein daraus unmittelbar zu erhebender gegeben. Um sich davon zu überzeugen, braucht man sich nur an die Mannigfaltigkeit der Theorien vom Staat und ihren Streit unter einander zu erinnern. Es stehen wohl gewisse Grundzüge seines Wesens mit der thatsächlichen Wirklichkeit des Staats unmittelbar fest. Aber dieselben genügen nicht, um einen vollständigen Begriff vom Wesen des Staats und seinen Aufgaben zu begründen. Der Staat in seiner Entwicke= lung sucht zugleich fortdauernd nach dem immer bestimmteren Be= griffe von sich selbst, und die Entwicklung, die er einschlägt, schließt immer eine entsprechende Entwicklung seiner Erkenntniß von sich selbst, seinem Wesen, und den von ihm zu lösenden Aufgaben ein.

Die staatliche Gewalt hat in der von ihr umfaßten, territorial abgegrenzten Gemeinschaft das Recht festzustellen und aufrecht zu er= halten; es sind ihr in dieser Beziehung Alle zum Gehorsam unter= worfen, und sie hat das Recht, diesen Gehorsam, wenn es nöthig ist, mit äußeren Zwangsmitteln zu erzwingen. Es unterliegt keinem Zweifel, daß diese Bestimmungen das Wesen des Staates treffen. Aber wie wenig doch in denselben der wahre Begriff vom Staate schon gegeben ist, zeigt sich, wenn man bedenkt, daß diesen Bestim= mungen über das Wesen des Staats auch der communistische Staats= begriff der Internationalen entspricht.

Die Staatsgewalt ist höchste Gewalt, sie ist potestas libera, und kann daher diese ihre Souveränetät mit keiner andern Gewalt theilen. Es ist berechtigt, wenn dieses wichtige Moment des Begriffs vom Staate der römischen Kirche gegenüber zur Geltung gebracht wird. Für die rechte Anwendung der Staatsgewalt und für die richtige Erkenntniß der von ihr zu lösenden Aufgaben, und der Art, wie sie zu lösen sind, ist jedoch mit diesem Satze noch nichts gegeben.

Dieser Satz kann auch im Sinne der absoluten Willkühr gefaßt und
geltend gemacht werden. Hobbes stellte die Behauptung auf, daß
das gut sei, was die Staatsgewalt befiehlt, böse, was dieselbe verbietet, und ausdrücklich erstreckte er diesen Satz auch auf das Gebiet
der öffentlichen Religion.

Man wird es nicht bestreiten können, daß sich die Sorge des
Staats auf alles das zu richten Pflicht und Recht hat, was die allgemeine Wohlfahrt betrifft und damit zusammenhängt, also z. B.
auch auf das Unterrichtswesen, auf das sittliche und religiöse Leben
der Unterthanen. Aber wo liegen die Schranken, die doch der staatlichen Einwirkung auf diese Gebiete unstreitig nicht weniger durch
das Recht der Sachen als durch das Wesen des Staats und die Art
seiner Mittel gesetzt sind? Hegel, und nach ihm Rothe, fassen den
Staat als das Alles umfassende sittliche Gemeinschaftswesen, so daß
Schule und Kirche ganz in denselben aufgehen, ganz von ihm ab-
sorbirt werden sollen; und es ist doch keine Frage, daß diese Auffassung als eine falsche durch das selbständige Existenzrecht der
Kirche erwiesen ist, und daß der Staat auch gar nicht im Stande ist,
alle ihm damit zugewiesenen Aufgaben zu erfüllen.

Doch genug. Ein Begriff vom Staat, welcher zugleich die
sichere Grundlage für die rechte Lösung der an den Staat heran-
tretenden Aufgaben in sich schlösse, läßt sich a priori gar nicht auf-
stellen. Es ist das einfach auch schon aus dem Grunde unmöglich,
weil dabei nothwendig auch die Natur der Sachen in Betracht kommt,
welche in die Sphäre der staatlichen Einwirkung eintreten. Sobald
wir hierauf achten, wird uns auch die Bedeutung des Begriffs des
christlichen Staats entgegentreten.

Die staatliche Gewalt, die alles Recht zu setzen hat, ist als
solche souveräne Gewalt, potestas libera, d. h. sie ruht darin ausschließlich auf ihrer eigenen freien Entscheidung. Aber darum soll sie
doch nicht nach Willkühr verfahren. Das positive Recht, das durch

die ſtaatliche Geſetzgebung geſchaffen wird, ſoll dem natürlichen
Rechte entſprechen, wie es mit dem wahren Weſen und Werth der
Rechtsſubjecte und Rechtsverhältniſſe gegeben iſt.. Je mehr das poſi=
tive Recht, das der Staat ſetzt, dem natürlichen Recht, das mit der
Natur der Dinge und Verhältniſſe gegeben iſt, widerſpricht, deſto
mehr iſt ſeine Ordnung eine innerlich unhaltbare, und wird ſich als
eine ſolche zum größten Schaden nach allen Seiten hin erweiſen.
So wird es alſo als auf die erſte nothwendige Vorausſetzung rechter
ſtaatlicher Entwicklung darauf ankommen, daß das natürliche Recht,
daß das wahre Weſen und der wahre Werth alles deſſen erkannt
werde, was vom Staate zu ordnen iſt. Ueberall aber bewegt ſich da
die ſtaatliche Geſetzgebung in ſittlichen Lebensverhältniſſen und Lebens=
beſtänden, die in ihrem wahren Weſen und Werth nur im Lichte der
Offenbarung Gottes recht erkannt und gewürdigt werden können.
Alles muß da unſicher und ſchwankend werden, ſobald das Licht des
Wortes Gottes nicht mehr die Leuchte iſt. Weſentlich anders, und
zwar im falſchen Lichte, muß ſich da alles vom naturaliſtiſchen Stand=
punkte aus, für das natürliche Bewußtſein und den natürlichen
Willen darſtellen.

Ich erinnere hier zunächſt an das, was von der Ehe geſagt iſt,
die ja auch zum Gegenſtande der ſtaatlichen Geſetzgebung werden
muß. Die ſtaatliche Ehegeſetzgebung, durch welche die Ehe ihre recht=
liche Geltung, ihren rechtlichen Schutz und Beſtand im öffentlichen
Leben findet, wird durch den Begriff vom Weſen der Ehe bedingt,
von welchem die ſtaatliche Geſetzgebung ausgeht. Wir haben aber
geſehen, daß der wahre Begriff von der Ehe nur durch das Wort
Gottes und durch das Chriſtenthum unter den Menſchen feſtſteht.
Nur durch das Wort Gottes und das Chriſtenthum wird ſomit in
dem wahren Begriffe von der Ehe der ſtaatlichen Rechtsbildung in
Betreff der Ehe eine nothwendige Vorausſetzung für die rechte Löſung
ihrer Aufgabe dargeboten, ohne welche dieſe unmöglich iſt. Aber was

so von der Ehegesetzgebung gilt, greift durch alles hindurch. So sind
z. B. alle Fragen des Criminalrechts ethische Fragen. Weiter er=
innere man sich daran, daß durch das Christenthum die Sklaverei be=
seitigt ist. Erst durch das Christenthum ist der Werth des Menschen
als solchen auch für die staatliche Rechtsordnung in sein rechtes Licht
gestellt und zur Anerkennung gebracht. Und wie muß das von Ein=
fluß für die staatliche Rechtsbildung und das staatliche Regiment nach
allen Seiten hin sein? Gegenwärtig wird von nationalökonomischer
Seite der Satz immer mehr betont, die Lösung der socialen Probleme
hänge wesentlich auch davon ab, daß der Arbeiter nicht mehr blos
als Arbeitskraft betrachtet und der freien Exploitirung preisgegeben,
sondern daß durch die staatliche Gesetzgebung der ethische Werth und
das ethische Recht der Person des Arbeiters geschützt und zur Gel=
tung gebracht werde. Ueberall liegen dem Handeln des Staats
ethische Begriffe und Urtheile zu Grunde, und da diese ethischen
Begriffe und Urtheile nur im Lichte des Wortes Gottes in ihrer
Wahrheit erfaßt und festgehalten werden können, so kann der Staat
seine eigene Wahrheit, die rechte Lösung seiner Aufgaben nur auf
dem Grunde des Christenthums, nur als christlicher Staat finden.
Das ist so gewiß, als es gewiß ist, daß das Sittliche nicht losgelöst
von der Offenbarung, auf naturalistischer Grundlage in seiner Wahr=
heit Wirklichkeit werden und sein kann.

So erweist sich denn der Begriff des christlichen Staats als
ein ebenso berechtigter wie bedeutungsvoller. Die Berechtigung und
die Bedeutung des Begriffs des christlichen Staats ergiebt sich einer=
seits aus der sittlichen Natur des Staats, und andrerseits daraus,
daß das Sittliche in seiner Wahrheit keine Wirklichkeit gewinnen und
haben kann, losgelöst von dem Grunde der Offenbarung.

Auch die vorchristlichen heidnischen Staaten waren durch die in
den Volksreligionen wurzelnde Sittlichkeit bedingt, und mit dieser
verfielen sie selbst der Auflösung. Man müßte annehmen, daß an

der Stelle des Christenthums eine andere, wahrere Religion als
Religion des Volks die Grundlage der Sittlichkeit desselben werden
könnte, wenn man sich der Meinung hingeben wollte, daß der Staat
vom Christenthum losgelöst werden könne, ohne seine nothwendigen
sittlichen Voraussetzungen verlieren zu müssen.

Aus unserer Begründung des Begriffs des christlichen Staats
geht hervor, daß die Behauptung, nur als christlicher könne der
Staat zu seiner eigenen Wahrheit gelangen, nicht sagen will, daß
dem Worte Gottes oder dem Christenthum entnommen werden
könne, welche Aufgaben der Staat überhaupt nnd wie er sie zu erfüllen habe. Es wird durchaus nicht verkannt, daß die politische
Wissenschaft und Kunst Vieles voraussetzt und Vieles einschließt,
was aus dem Worte Gottes und dem Christenthum nicht entnommen
werden kann und nicht entnommen werden soll. Die Behauptung,
daß der Staat nur als christlicher seine eigene Wahrheit finden
kann, besagt nichts weiter als dies, daß durch das Wort Gottes und
das Christenthum der Kirche mit den wahren ethischen Begriffen
und Urtheilen, welche allem staatlichen Thun zu Grunde liegen
sollen, nothwendige Voraussetzungen von wesentlicher Bedeutung
dargeboten werden, ohne welche die rechte Lösung der dem Staate
gestellten Aufgaben unmöglich ist.*)

---

*) Es versteht sich somit auch von selbst, daß für den Staat dadurch
daß er ein christlicher ist, die rechte Lösung seiner Aufgaben nach allen Seiten
hin noch keineswegs sicher gestellt ist. Denn abgesehen davon, daß, wie die
Geschichte der Kirche und der christlichen Völker zeigt, Irrthümer auch über
die ethischen Forderungen des Christenthums möglich sind, kommt eben bei
der Lösung der staatlichen Aufgaben sehr Vieles in Betracht, was das Christenthum nicht lehren und geben kann. Auch der christliche Staat kann vielfach
irren und seine Aufgaben verfehlen. Ueberhaupt aber kann sich der Staat
auch als christlicher der Verwirklichung des vollkommenen Staats nur immer
mehr nähern, seine absolute Vollkommenheit aber noch viel weniger jemals
erreichen, als der Christ in seinem Heiligungsstreben die absolute Vollkommenheit zu erlangen im Stande ist. Man darf daher keine falsch idealistische

Die Einwirkung des Christenthums auf die Gestaltung des Staats, der staatlichen Gesetzgebung und Regierung, welche mit dem Begriffe des christlichen Staats gefordert wird, widerspricht nicht der eigenen selbständigen Natur des Staats, ist überall nichts derselben Fremdes. Denn wenn die Gestaltung des Staatslebens nach allen Seiten hin der mit dem eigenthümlichen Wesen desselben gesetzten Natur des Staats und den darin liegenden Gesetzen entsprechen soll, so dient nach dem aufgestellten Begriffe vom christlichen Staat das Christenthum dem Staate nur dazu, eben seine eigene Natur und die ihm durch seinen eigenen Beruf gestellten Aufgaben, welche sittlicher Art sind, recht zu erkennen. Es wird aber durch den Begriff des christlichen Staats dem Staate keine Aufgabe gestellt, die ihm seinem eigenen Wesen nach fremd wäre, und es wird durch jenen Begriff keine Leistung vom Staate gefordert, die seinem eigenen Wesen und seinen eigenen Aufgaben und Mitteln nicht entspräche.

Der Begriff des christlichen Staats steht auch mit der Souveränetät der staatlichen Gewalt nicht im Widerspruche. Die staatliche Gewalt ist souveräne Gewalt, potestas libera, auch der Kirche gegenüber. Der Kirche steht ihrem Wesen nach schlechterdings keine die Unterthanen als solche bindende, äußerlich erzwingbare, d. h.

---

und schwärmerische Anforderungen auf Grund seiner Christlichkeit an den Staat stellen. Es ist zwar ein ebenso grundloser als verderblicher Irrthum, wenn man behauptet, das staatliche Handeln sei nicht an die Gebote Gottes gebunden und könne sich nicht immer an dieselben gebunden halten. Aber daß wegen der Sündigkeit, Schwachheit und Irrthumsfähigkeit der Menschen auch im christlichen Staate immer viel Sünde, Unrecht und Irrthum Statt finden kann und Statt finden wird, darf man nicht vergessen, wenn man nicht an die Stelle des Begriffs des christlichen Staats Träume von einer in der Wirklichkeit des menschlichen Lebens nicht realisirbaren Vollkommenheit des Staats setzen will, durch welche nur die rechte Stellung zum Staat und das rechte Urtheil über denselben zerrüttet werden könnten.

staatliche Gesetzgebungs= und Regierungsgewalt zu. Auch nach dem
Begriffe des christlichen Staats bleibt es ausschließlich der souveränen
Entscheidung der staatlichen Gewalt als solcher überlassen, unter dem
Einflusse, den das Christenthum auf die von ihr zu Grunde gelegten
sittlichen Begriffe und Urtheile ausübt, das Recht festzustellen und
das Regiment zu führen. Es tritt uns hier freilich der für das
Verhältniß zwischen Staat und Kirche so bedeutungsvolle Unterschied
zwischen der evangelischen Kirche und der römischen entgegen, welche
letztere im Gegensatze gegen die Souveränetät der staatlichen Ge=
walt das, was aus dem Christenthum für das staatliche Leben und
staatliche Handeln nach ihrer Meinung folgt, zum kirchlich bindenden
und durch kirchliche Strafen erzwingbaren Gesetze auch für die staat=
lichen Obrigkeiten meint machen zu können.

Daß der Staat ein christlicher sei, setzt zwar voraus, daß sich
das Christenthum im Gebiet desselben ausgebreitet hat, aber darin,
daß die Mitglieder des Staats sämmtlich oder doch vorwiegend
Glieder der Kirche geworden sind, hat der christliche Staat als
solcher seine Wirklichkeit noch nicht gefunden. Das geschieht erst
dadurch, daß das Christenthum auf die Gestaltung des staatlichen
Lebens und auf die staatliche Rechtsbildung seinen Einfluß auswirkt.
Was so der Staat als christlicher Staat durch seine Gesetzgebung
und sein Regiment für das Leben des Volks zu leisten hat, das ver=
mag die freie Thätigkeit der Christen nicht zu ersetzen. Die so=
genannte innere Mission mit den ihr gestellten besondern Aufgaben
bedarf nicht erst des Nachweises ihrer Berechtigung und ihrer Be=
deutung. Aber es ist eine sehr gefährliche Verwirrung, wenn man
der innern Mission als Aufgabe zuschiebt, was nur der christliche
Staat leisten kann. Es muß überhaupt mit allem Ernst zurück=
gewiesen werden, wenn, wie das in der Gegenwart nicht selten ge=
schieht, unmittelbar von der Kirche und vom Christenthum der
Christen gefordert wird, was Sache des Staats ist und nur vom

chriſtlichen Staate geleiſtet werden kann. Es liegt das z. B. bei
den ſo ſchweren ſocialen Problemen der Gegenwart klar vor. An=
dererſeits, obwohl das chriſtliche Staatsweſen ohne den Chriſten=
glauben und die Kirche und ihre lebendige Macht im Volke nicht
Beſtand behalten könnte, ſetzt doch die Wirklichkeit und lebendige
Kraft deſſelben nicht voraus, daß alle Glieder des Staats oder auch
nur die Mehrheit derſelben lebendige Chriſten ſind. Wenn das der
Fall wäre, ſo müßte allerdings der Begriff des chriſtlichen Staats
für unrealiſirbar und chimäriſch gelten. Aber auch in der Kirche
ſind immer mali unter die boni gemiſcht, und dennoch iſt dadurch
ihre Wirklichkeit keine unmögliche. Und noch weniger iſt das, eben
wegen der Natur des Staates, beim chriſtlichen Staate der Fall.
Es handelt ſich da um den Einfluß des Chriſtenthums auf die
Faſſung der dem ſtaatlichen Handeln zu Grunde liegenden ſittlichen
Begriffe und Urtheile, die ſich als die wahren auch denen geltend
machen können, die nicht im ſeligmachenden Glauben ſtehen. Im
Weſen des Staats aber iſt es begründet, daß die ſtaatliche Rechts=
ordnung, wie ſie ſich unter dem Einfluſſe des Chriſtenthums bildet,
im Staate eine von der ſittlichen Stellung der Einzelnen relativ
unabhängige objektive Macht gewinnt, und daß das unter dem Ein=
fluſſe des Chriſtenthums entſtandene ſtaatliche Recht durch die dem
Staate zuſtehende Zwangsgewalt auch über die, welche den Gehor=
ſam nicht freiwillig leiſten, zur Geltung gebracht wird. Indem aber
der Staat ſeine Rechtsordnung aufrecht erhält, in der ſich Gottes
Recht und Geſetz widerſpiegelt, wird er dadurch zugleich zu einem
ſtarken Zeugniß für das Geſetz Gottes, zu einem ſehr wirkſamen
Pädagogus auf Chriſtus.

Es läßt ſich übrigens nicht überſehen, daß das, was unter dem
Begriffe des chriſtlichen Staats begriffen wird, ſehr mannigfache
Verſchiedenheiten der Entwickelung und ebenſo auch ſehr mannigfache
Stufen derſelben zuläßt.

Den christlichen Staat im weiteren Sinne wird man überall da anzuerkennen haben, wo die sittlichen Begriffe und Urtheile, auf denen das staatliche Leben und Handeln ruht, unter dem bestimmenden Einflusse des Christenthums stehen. Dieser Einfluß aber, ich wiederhole es, reicht weiter, als die gnadenwirkende Kraft des Christenthums, kann sich auch auf solche erstrecken, welche meinen, die unter dem Einflusse des Christenthums gewordenen sittlichen Begriffe und Urtheile auf naturalistischer Basis sicher zu besitzen. So würde der Einfluß des Christenthums vermittelst der sittlichen Begriffe und Urtheile auf den Staat auch dann noch fortdauern können, wenn sich der Staat, wie es der Deismus im Anfange seiner Entwickelung that, principiell mit Loslösung vom Christenthum auf die naturalistische Basis stellen sollte. Freilich staatlicherseits wäre dann principiell alles, was unter dem Einflusse des Christenthums geworden ist und darin seinen Grund und Halt hat, der Auflösung Preis gegeben, und diese würde sich auch um so mehr und um so rascher wirklich vollziehen müssen, je mehr die Naturalisirung des Staats durch den im Volke mächtig gewordenen Gegensatz gegen das Christenthum bewirkt worden wäre und je mehr dieser Gegensatz gegen das Christenthum durch den auf die naturalistische Basis gestellten Staat gefördert würde. Andererseits ist aber nicht zu übersehen, daß Viele unter dem Einflusse des die moderne Bildung durchdringenden Naturalismus meinen, der naturalistischen Auffassung vom Staat ohne Bruch mit dem Christenthum sich hingeben zu können. Es kann somit bei der principiellen Naturalisirung des Staats eine weitverbreitete Täuschung über die nothwendigen Folgen eine große Rolle spielen. So können denn auch Viele über ihren Irrthum durch den weiteren Gang der Dinge belehrt werden, wenn die zerstörenden Folgen, welche unfehlbar eintreten werden, den Thatbeweis für die von der Kirche bezeugte Wahrheit in immer unwiderstehlicherer Evidenz vor Aller Augen stellen. Der Ausgang des Kampfes zwischen dem Christenthum und dem Naturalismus auf dem Boden des im Princip naturalisirten Staats würde sich also keineswegs mit unbedingter Sicherheit zum Nachtheil des Christenthums und der christlichen Basis des Staats sofort prognosticiren lassen.

Der Begriff des christlichen Staats ist jedoch dadurch noch nicht zu seiner vollen Verwirklichung gekommen, daß sich der Einfluß des Christenthums auf das Staatsleben bis auf einen gewissen Punkt geltend macht. Im Begriffe des christlichen Staats liegt es, daß von ihm das Christenthum und sein Einfluß als die nothwendige Voraussetzung seiner eigenen Wahrheit bewußt erfaßt und anerkannt wird. Wie das die Anerkennung der Wahrheit des Christenthums und seines göttlichen Rechts einschließt, so muß es auch wichtige Folgen für das Verhältniß haben, in welches der Staat zum Christenthum und zur Kirche tritt. Erst durch das positive Band, das so zwischen dem Staate und dem Christenthum der Kirche geknüpft wird, gelangt der christliche Staat zu seiner eigentlichen Verwirklichung. Und so sehen wir uns denn vom Begriffe des christlichen Staats aus zur Betrachtung seines Verhältnisses zur Kirche hingeführt.

Der Staat, welcher in seiner Gestaltung und in seinem Bestande so wesentlich durch das in der Religion wurzelnde Sittliche bedingt ist, kann sich unmöglich dieser seiner nothwendigen Voraussetzung gegenüber gleichgültig verhalten. Das religiöse Leben des Volks muß nothwendig für den Staat der Gegenstand seiner Sorge, seines Schutzes und seiner Pflege werden. Damit ist aber sofort auch gegeben, daß der Staat in seinem berufsmäßigen Verhalten zum religiösen Leben des Volks nicht gleichgültig gegen die Wahrheit der Religion sein darf. Was die Religion dem Staate darbieten muß, kann in rechter Weise nur die wahre Religion darbieten. Das Sittliche ist eben nicht unabhängig von der Religion. Nur durch die Offenbarung im Worte Gottes stehen, wie wir sahen,

die sittlichen Begriffe und Urtheile in ihrer Wahrheit objektiv für
die Menschen fest. Und subjektiv ist die Moralität der Menschen
von der religiösen Bindung des Gewissens und davon abhängig,
was das Herz und der ganze Mensch durch den religiösen Glauben
geworden ist. Die falsche Religion, die als solche nicht in Gott und
Seiner Offenbarung gegründet ist, kann auch nicht die Festigkeit
in sich selbst und die heiligende Kraft über den Willen des Menschen
haben, welche die wahre Religion hat. Und das alles gilt zwar im
eminenteren Sinne von dem Unterschiede zwischen dem Christenthum
und den nichtchristlichen Religionen, aber doch nicht blos von diesem
Unterschiede. Auch die Unterschiede zwischen den verschiedenen christlichen Konfessionen sind nicht ohne Folgen für die Art und den
Stand der herrschenden Moralität in ihren Kreisen. Ist aber die
Wahrheit des Sittlichen und sein fester Bestand unter den Menschen
nicht unabhängig von der Wahrheit der Religion, kann nur die
wahre Religion, kann nur das Christenthum und nur das wahre
Christenthum, welches recht auf Gott und Seine Offenbarung gegründet ist, die sittlichen Voraussetzungen des Staats in ihrer Wahrheit darbieten, so wird sich auch der Staat nicht gleichgültig zur
Wahrheit der Religion und zur Wahrheit des Christenthums verhalten dürfen. Sein berufsmäßiges Handeln den religiösen und
kirchlichen Dingen gegenüber wird, wenn es zur rechten Lösung der
ihm hier gestellten Aufgaben kommen soll, stets durch die Sorge für
die Wahrheit der Religion und des Christenthums bestimmt und
geleitet sein müssen. Die Sorge, die der Staat berufsmäßig dem
religiösen Leben des Volks zuzuwenden hat, muß zur Sorge für die
wahre Religion, für das Christenthum und die Kirche, für das wahre
Christenthum und die wahre Kirche werden.

Es steht übrigens überall nicht in dem willkührlichen Belieben
des Staats, ob er sich mit seinem berufsmäßigen Handeln den
kirchlichen Dingen zuwenden will oder nicht, und ebensowenig, wie

er dies thut. Es ist für den Staat schlechterdings unmöglich, gänz=
lich beziehungslos zu den kirchlichen Dingen zu bleiben. Die Kirche
ist da, sie besteht im öffentlichen Leben. Sie gehört so zu den
Ordnungen menschlichen Gemeinschaftslebens, die ihrem Wesen,
ihrem damit gesetzten natürlichen Rechte gemäß durch den Staat in
die gesellschaftliche Rechtsordnung aufzunehmen und in dem ihnen
zu gewährenden Rechte zu schützen sind. In überaus wichtigen Ge=
bieten des sittlichen Gemeinschaftslebens, in den sogenannten ge=
mischten Sachen, im Unterrichtswesen, in den Ehesachen, begegnet
sich die Wirksamkeit, die der Staat hier zu entfalten hat, mit der
der Kirche, und Staat und Kirche müssen hier ihre Wirksamkeit ver=
einigen, wenn sie sich nicht einander hindern und verdrängen sollen.
Der Staat kann also gar nicht umhin, durch seine Gesetzgebung das
Recht der Kirche im öffentlichen Leben festzustellen, und er kann nicht
umhin, durch die Art, wie er durch seine Gesetze und sein Regiment
in die gemischten Sachen eingreift, in folgenreicher Weise auch die
Art zu bedingen, wie die Kirche in eben diesen gemischten Sachen
ihre Wirksamkeit entfalten kann. Nicht, daß sein berufsmäßiges
Handeln in allen diesen Beziehungen eintritt, hängt von der Ent=
scheidung des Staates ab, sondern nur die Art, wie er es eintreten
läßt. Die Art, wie er das thut, hängt allerdings von seiner sou=
veränen Entscheidung ab. Allein auch hier soll er doch nicht nach
Willkühr verfahren, und auch hier würde er, wenn er nach Willkühr
handeln wollte, an seiner eigenen Zerstörung arbeiten. Die Kirche,
von Gott gegründet und mit Vollmachten versehen, die ihr unab=
hängig vom Staate gehören, ruht auf einem göttlichen Rechte,
welches ihr selbständig und unabhängig vom Staate gehört und
welches, wie alle Ordnungen Gottes, auch vom Staate Anerkennung
fordert. Es handelt sich da um einen offenbaren Willen Gottes,
welcher befolgt sein will, nicht blos von der Kirche, sondern auch
vom Staate. Auch in ihrem staatlichen Handeln sind die Menschen,

wie in allem ihrem freien sittlichen Handeln, zum Gehorsam gegen den Willen Gottes verbunden, so daß sie den Strafen Gottes verfallen, wenn sie sich diesem Gehorsam entziehen. Für den christlichen Staat, der auf dem Grunde der christlichen Wahrheit steht, kann es auch gar nicht zweifelhaft sein, daß er das der Kirche zu gewährende staatliche Recht im Gehorsam gegen den Willen Gottes, gegen das göttliche Recht der Kirche festzustellen und daß er der berufsmäßigen Wirksamkeit der Kirche in den gemischten Sachen freien Raum zu gestatten hat. Und auf Grund der erkannten christlichen Wahrheit wird er die Kirche mit vollem Vertrauen ihre berufsmäßige Wirksamkeit in den gemischten Sachen entfalten lassen, in der für ihn begründeten Ueberzeugung, daß so auch den Zielen, die der Staat in diesen gemischten Sachen zu verfolgen hat, am besten gedient wird. Der Staat wird in den gemischten Sachen seine Wirksamkeit mit der der Kirche verbinden; er wird sein eigenes Interesse nicht darin sehen können, eine Wirksamkeit der Kirche zu entziehen und an sich zu nehmen, die nach göttlichem Rechte der Kirche gehört und auch nur von ihr zum wahren Heil des Staats und der Kirche in rechter Weise vollzogen werden kann.*) Es ergiebt sich uns aber

---

*) Es liegt auf der Hand, welche wichtigen Folgen sich daraus für das Zusammenwirken des Staats und der Kirche in den gemischten Sachen ergeben. Was z. B. das Unterrichtswesen betrifft, so steht es ja für die christliche Betrachtung fest, daß die Schule, vor allem die Volksschule, welche nicht blos die Unterweisung in diesen und jenen Kenntnissen und Fertigkeiten, sondern die Erziehung des ganzen Menschen zur Aufgabe hat, nur gedeihen kann, wenn sie auf dem religiösen Grunde ruht. Es steht aber weiter für die christliche Betrachtung auch fest, daß die Kirche, nicht der Staat, von Gott den Beruf zur Unterweisung und zur Erziehung im christlichen Glauben hat, und daß sie in der Verwaltung der Gnadenmittel, in der Lehre des göttlichen Worts, auch allein die Mittel dazu besitzt, daß also die Volksschule in ihren Fundamenten zerstört wird, wenn sie von ihrem kirchlichen Grunde losgelöst und einseitig zur Anstalt des Staats gemacht wird. Daß die Volksschule

hier zugleich das für die Kirche so überaus wichtige Resultat, daß das Recht der Kirche nur vom christlichen Staate so, wie es der Wille Gottes fordert, seine Anerkennung finden kann. Nur dann, wenn der Staat auf dem Grunde der erkannten christlichen Wahr= heit steht, kann er überall das Wesen der Kirche und ihr göttliches Recht in seinem rechten Lichte erkennen; nur dann fühlt er sich zum Gehorsam gegen das göttliche Recht der Kirche verbunden; nur dann

---

kirchliche Schule ist, wie sie sich als solche gebildet hat, schließt nicht aus, daß in ihr auch den Aufgaben derselben für die Heranbildung zum bürgerlichen Berufe vollkommen Genüge geschehe. Das Meiste, was da in Betracht kommt, ist zudem auch schon in die Aufgabe eingeschlossen, welche die Kirche aus ihrem eigenen Gesichtspunkte in der Volksschule zu verfolgen hat. Die Fertigkeit im Lesen, und überhaupt ein gewisser, jedenfalls nicht unter den vom Staate aufzustellenden Zielpunkten zurückbleibender Stand allgemeiner Bildung muß ja von der Kirche in der Volksschule aus dem Grunde erstrebt werden, weil sie alle ihre Mitglieder so viel als möglich auf die Stufe eigenen Gebrauchs der heiligen Schrift und der christlichen Erbauungsmittel überhaupt erheben muß. Wenigstens von der evangelischen Kirche gilt das zweifellos. Es ist kein Schulziel denkbar, welches der Staat aus seinem Gesichtspunkte zu stellen hätte und welches er nicht erreichen könnte, wenn er seine Bestre= bungen mit denen der Kirche in ihren Schulen verbände. Dagegen wird, wie schon gesagt, die Volksschule in ihren wesentlichsten Fundamenten zerstört, wenn sie von der Kirche getrennt, zur reinen Staatsanstalt gemacht und dadurch auf einen von der Kirche verschiedenen Boden gestellt wird. Der Staat würde daher zu seinem eigenen Verderben die Schule von der Kirche trennen. Er würde dann die von ihm in der Schule verfolgten Ziele, die sich ja von der religiösen Erziehung nicht scheiden lassen, nicht erreichen; er würde bewirken, daß bei allen Fertigkeiten, welche den Kindern angebildet würden, ein religiös und sittlich verwildertes Volk in ihn hinein wüchse. Für den christlichen Staat wird daher die kirchliche Volksschule, mit der er seine Wirksamkeit verbindet, die selbstverständliche Regel bilden, die er als solche auch festhält, wenn einzelne Schwierigkeiten, die zu überwinden sein würden, Aushilfsvorkehrungen nothwendig machen sollten. — Das über das Schulwesen Gesagte findet, wie sich Jedem leicht zu erkennen gibt, seine analoge Anwendung auch auf die Ehesachen.

kann er mit begründetem Vertrauen die Kirche ihre Wirksamkeit in den gemischten Sachen entfalten lassen.

Wer die eben dargelegten Sätze über die positive Beziehung, in die der christliche Staat zum Christenthum und zur Kirche, zum wahren Christenthum und zur wahren Kirche einzutreten hat, vertheidigt, kann freilich die bekannte Thatsache der Geschichte nicht vergessen, daß der christliche Staat dabei in schwere Irrthümer fallen kann, welche für Staat und Kirche gleich verderblich sind. Diese Irrthümer haben unstreitig sehr viel dazu beigetragen, daß der Gegensatz gegen den christlichen Staat und sein Verhältniß zur Kirche zu immer größerer Macht angewachsen ist. Dennoch folgt aus dieser Thatsache der Geschichte nur, daß diese Irrthümer vermieden werden müssen; es folgt daraus aber nichts gegen die Wahrheit der Sache selbst, und zwar dies deshalb nicht, weil jene Irrthümer keineswegs aus dem Begriffe des christlichen Staats und aus dem geforderten Verhältnisse des christlichen Staats zur Kirche folgen, sondern vielmehr im Gegensatze dagegen stehen. Es ist, wie wir sahen, die nothwendige Consequenz aus der berufsmäßigen Stellung des Staats zu dem religiösen Leben des Volks, daß er in eine positive Beziehung zur Wahrheit der Religion treten, und daß die Sorge, welche er berufsmäßig dem religiösen Leben des Volkes zuzuwenden hat, durch die erfaßte Wahrheit des Christenthums bestimmt und geleitet werden muß. Aber es folgt aus dem Wesen des Staats und aus dem Wesen des Christenthums nicht minder, daß der Staat bei allem seinen auf die religiösen und kirchlichen Dinge gerichteten Handeln mit aller Sorgfalt die Schranken innehalte, die demselben sowohl durch die Natur des Staats, seiner Mittel und Aufgaben, als durch die Natur der Religion und des Glaubens gesetzt sind. Der christliche Staat braucht nur dieser in seinem Begriff ebenfalls und mit derselben Geltung begründeten Regel zu folgen, um gegen die Gefahr der Irrthümer, die er zu vermeiden hat, principiell sicher gestellt zu sein.

Es versteht sich von selbst, daß der Staat nicht das zur Aufgabe seines berufsmäßigen Handelns machen darf, was nur durch die der Kirche befohlene Verwaltung der Gnadenmittel, vor Allem durch die Verkündigung des Worts, erreicht werden kann. Der Staat darf nicht durch die Mittel der ihm zustehenden Zwangsgewalt die christliche Wahrheit und die wahre christliche Kirche zur Anerkennung und Geltung bringen wollen. Es ist das durch das Wesen des christlichen Glaubens verboten, durch welches der Staat seine dem wahren Christenthum und der wahren Kirche zuzuwendende Sorge bestimmen lassen soll. Der Staat, auch als christlicher, ist nur für das verantwortlich, was er durch sein berufsmäßiges Handeln in den demselben gesetzten Schranken erreichen kann. Ueber diese Schranken hinaus hört seine Verantwortlichkeit vor Gott auf; über diese Schranken hinaus würde sein Handeln ein willkührliches, dem Willen Gottes widersprechendes werden.

Im Besondern also steht fest, daß der christliche Staat die wohlerworbenen Rechte der Kirchen und Religionsgesellschaften zu achten hat. Der Staat tritt mit sich selbst in Widerspruch, wenn er das gewordene Recht als solches nicht achtet. Der christliche Staat wird deßhalb auch in den anerkannten Kirchen das selbständige Wesen der Kirche und das Recht derselben auf die Vollziehung der nach göttlichem Rechte ihr zustehenden Berufsaufgaben und Vollmachten zu achten haben. Er wird ferner überhaupt die im Wesen der Religion und des Glaubens begründete Gewissens- und Religionsfreiheit der Unterthanen zu achten verbunden sein, welche freilich keine unbedingte ist und nicht mit der Licenz absoluter Willkühr identificirt werden darf. Es zweifelt wohl Niemand daran, daß der Staat keine Verbindung dulden darf, die sich unter dem Titel einer Religionsgesellschaft gegen die Grundlagen aller Moral richtet. Wir werden so zu dem christlichen Toleranzprincip geführt, welches der Begriff des christlichen Staats nicht aus-, sondern einschließt.

Aus den von uns für das Verhalten des christlichen Staats auf=
gestellten Gesichtspunkten folgt als Consequenz derselben, daß der
Staat die rechtliche Zulassung neuentstehenden Kirchen und Religions=
gemeinschaften nicht werde versagen dürfen, welche sich etwa in den
Schranken halten, welche Locke in seinem naturalistischen Toleranz=
princip aufgestellt hat.*) Scheint aber so das von dem Begriffe
des christlichen Staats aus sich ergebende Toleranzprincip mit dem
naturalistischen im Resultat zusammenzutreffen, so wird doch durch
beide das positive Verhalten des Staats zu den Kirchen und Reli=
gionsgemeinschaften wesentlich anders bestimmt. Wie die vom
christlichen Staate zu übende Toleranz nicht, wie die von Locke auf
naturalistischer Basis geforderte, aus der Indifferenz des Staats
gegen die Wahrheit der Religion, gegen die Wahrheit des Christen=
thums entspringt, so schließt sie auch eine verschiedene Stellung des
Staats zu den verschiedenen Kirchen und Religionsgemeinschaften
nicht aus, wie dieselbe durch die Beziehung zur Wahrheit des Christen=
thums begründet wird. Dem gegenüber, was aus der zu achtenden
Religionsfreiheit folgt, verliert die berufsmäßige Sorge für das
wahre Christenthum und die wahre Kirche ihr Recht nicht. Die
Gerechtigkeit aber fordert nicht, daß sich der Staat zu den verschie=
denen Kirchen und Religionsgesellschaften gleich verhalte. Der Staat
müßte dann im Gegensatze gegen das, was seine berufsmäßige
Stellung zum religiösen Leben des Volks fordert, den Standpunkt
der Indifferenz dem religiösen Leben des Volks gegenüber einnehmen,
und die Zerrüttung des Verhältnisses zwischen Staat und Kirche,

---

*) Nach Locke's in den nordamerikanischen Staaten praktisch gewor=
denem Toleranzprincip hat der Staat bekanntlich von den öffentlich anzu=
erkennenden Religionsgemeinschaften nur zu fordern, daß ihr Bekenntniß die
Sätze enthalte, daß ein Gott sei, daß derselbe öffentlich verehrt werden soll,
und daß es Pflicht jedes Menschen sei, der Wahrheit Zeugniß zu geben (eine
Art Eid), wenn er von den Regierenden dazu aufgefordert wird.

wie sie etwa durch die Schuld einer einzelnen Kirche oder Religions=
gesellschaft, auch der ihrem Umfange und Einflusse nach unbedeutendsten,
herbeigeführt würde, müßte die Zerrüttung des Verhältnisses zwischen
Staat und Kirche überhaupt zur Folge haben. Die Gerechtigkeit
fordert, daß von der Basis des auf dem Grunde der Wahrheit
ruhenden Staats aus einem Jeden das Seine werde, so, wie es
mit der vom Staate zu vertretenden Wahrheit vereinbar ist. Das
Princip der Gerechtigkeit ist nicht identisch mit dem Egalitätsprincip.*)

Aus dem über die christliche Toleranz Gesagten geht schon
hervor, daß durch die Existenz verschiedener Konfessionskirchen und
Religionsgemeinschaften nicht nothwendig weder die Berechtigung
noch auch die Möglichkeit des christlichen, näher des evangelischen
Staats aufgehoben wird. Es muß aber mehr behauptet werden.
Nur der christliche, näher der evangelische Staat ist im Stande, die
Schwierigkeiten, welche durch den Unterschied verschiedener Konfessions=

---

*) Man vgl. was Leibnitz in seiner Abhandlung de notionibus juris
et justitiae (Opp. ed. Erdmann p. 119) über die Billigkeit sagt, die
er als den zweiten unter den drei von ihm unterschiedenen Graden des jus
naturae bezeichnet. „Superiorem gradum voco aequitatem. — Et
quemadmodum iufimi gradus erat, neminem laedere, ita medii est
cunctis prodesse; sed quantum cuique convenit aut quantum quisque
meretur, quando omnibus aeque favere non licet. Itaque hujus loci
est distributiva justitia et praeceptum juris, quod suum cuique
tribui jubet. Atque huc in Republica politicae leges referuntur, quae
felicitatem subditorum procurant, efficiuntque passim, ut qui aptitu-
dinem tantum habebant, acquirant facultatem, i. e. ut petere possint,
quod alios aequum est praestare. Et cum in gradu juris infimo non
attenderentur discrimina hominum, nisi quae ex ipso negotio nascuntur,
sed omnes homines censentur aequales, nunc tamen in hac superiore
gradu merita ponderantur, unde privilegia, praemia, poenae locum
habent." Die Staatskunst macht es sich zu leicht, und nicht zum Besten
des Staats und des Volks, wenn sie sich den Schwierigkeiten der von Leib=
nitz bezeichneten Aufgabe entzieht und sich dagegen auf einen zwar einheit=
lichen aber auch abstracten Rechtsformalismus zurückzieht.

kirchen im Gebiete des Staats für denselben begründet werden, in rechter Weise zu lösen.

Es tritt hier freilich der Unterschied zwischen dem evangelischen Staate und dem römisch-katholischen bedeutungsvoll hervor. Die Unterwerfung des Staats in seiner Obrigkeit unter die römisch-katholische Kirche macht die rechte Lösung der bezeichneten Aufgabe unmöglich. Die römisch-katholische Kirche fordert von der Obrigkeit, daß sie die Obedienz aller Getauften unter die römische Kirche erzwinge, sobald es äußerlich möglich erscheint. Heinrich IV. von Frankreich mußte, nachdem er seinen Vertrag mit dem Papste geschlossen hatte, die Hugenotten unter der Hand auffordern, auch ihm gegenüber wieder ihre frühere bewaffnete Stellung einzunehmen, da er sich nur dann zu seiner Rechtfertigung dem Papste gegenüber auf die Unthunlichkeit der Sache stützen könne, wenn er die evangelische Kirche in Frankreich nicht, wie es der Vertrag mit dem Papste von ihm forderte, mit Gewalt zu unterdrücken unternehme. Die Anwendung der staatlichen Gewalt zur Erzwingung der Obedienz gegen die römische Kirche liegt principiell im System des römischen Katholicismus begründet. Die der römisch-katholischen Kirche angehörenden Träger der Staatsgewalt werden sich, wenn sie sich aus Gründen des Staatswohls oder der Toleranz den Anforderungen der römischen Kirche entziehen, immer in einem schweren Gewissensconflikte befinden, und auch äußerlich wird ihre Lage eine immer schwierigere werden, je mehr es der römischen Kirche gelingt, das ihr zugehörige Volk mit ihrem Geiste zu durchdringen, und je mehr sich diese Bestrebungen der römischen Kirche etwa mit den politischen Intentionen verbinden, welche die Macht gewinnen. Im gewissensernsten Zusammenschlusse mit dem Glauben der römisch-katholischen Kirche wird es den Trägern der Staatsgewalt unmöglich sein, diejenige Freiheit den Forderungen der römischen Kirche gegenüber zu bewahren, welche sie besitzen müßten, um die Grund-

sätze christlicher Toleranz zum Schutze anderer Konfessionskirchen
mit Sicherheit aufrecht erhalten zu können. Beruht dagegen ihr
Gegensatz gegen die Forderungen der römischen Kirche darauf, daß
sie sich trotz ihrer äußeren Zugehörigkeit zu derselben doch nicht durch
die Forderungen des Glaubens bestimmen lassen, so wird die er-
folgreiche Durchführung ihres Standpunktes als nothwendige Voraussetzung die Verbreitung einer nicht durch den Glauben bestimmten
Gesinnung im Staate überhaupt fordern. Die so gerichteten Bestrebungen der Staatsgewalt werden also in Gegensatz gegen das
christliche Staatswesen und gegen die Kirche selbst treten.*)

---

*) Evangelischerseits darf man es niemals vergessen, daß ein aufrichtiger
und ehrlicher Friede zwischen der römisch-katholischen und evangelischen Kirche
niemals Statt finden kann. Es ist in dieser Hinsicht die Thatsache von entscheidender Bedeutung, daß die römische Kirche den westphälischen Frieden
niemals anerkannt hat, und daß sie das ohne Bruch mit ihren erklärten
Grundsätzen nicht konnte. Es wäre allerdings unbegründet, wenn man be-
zweifeln wollte, daß es der ehrliche Wunsch vieler gläubiger Katholiken in
Deutschland ist, unser kirchliches Recht ungekränkt sicher gestellt zu sehen.
Allein sie sind auch in dieser Beziehung dem Papste und den Bischöfen gegenüber nicht frei. Sie haben sich lediglich zu unterwerfen, wenn die Kurie in
den Fall kommt, die Beseitigung unsers Rechts, das sie nie anerkannt hat,
zu fordern. Das liegt besonders seit dem Vatikanum klar vor Augen. Wir
Evangelischen dürfen nie vergessen, daß die äußere Rechtssicherheit unserer
Kirche der römischen Kirche gegenüber nur soweit sicher gestellt ist, als die
Staatsgewalt innerlich und äußerlich frei von der Kurie und der Gewalt
der römischen Kirche ist, daß wir also ein sehr wesentliches Interesse an dem
Bestande und an der Kraft des evangelischen Staatswesens in Deutschland
haben. Es darf evangelischerseits auch nie vergessen werden, daß die Stellung
der evangelischen Kirche zum Staate auf Grund ihrer Lehre von der kirchlichen und von der staatlichen Gewalt sehr verschieden ist von derjenigen,
welche die römisch-katholische Kirche zum Staate einnehmen muß. Es folgt
daraus, daß unter allen Umständen die Bestrebungen der evangelischen Kirche
dem Staate gegenüber wesentlich andere sein werden und sein müssen, als
die der römisch-katholischen Kirche. Wohl werden auch die evangelischen
Christen, soweit es an ihnen ist, jedem Unrecht gegen die katholische Kirche
zu wehren haben. Das Recht der römisch-katholischen Kirche müssen auch

Das evangelische Christenthum dagegen befähigt den Staat zur rechten Lösung der Aufgaben, die ihm durch die Existenz verschiedener Konfessionskirchen gestellt sind, zu einer solchen Lösung nämlich, durch welche zugleich der christliche Staat und damit Alles, was mit demselben und seiner Sorge für das Christenthum und die Kirche gegeben ist, bewahrt bleibt. Und das nicht etwa blos aus dem Grunde, weil durch die evangelische Lehre die Selbständigkeit und Unabhängigkeit der staatlichen Gewalt der kirchlichen Gewalt gegenüber sichergestellt ist, da nach evangelischer Lehre die christliche Obrigkeit in der Ausrichtung ihres Berufs selbständig mit ihrem Gewissen vor Gott steht und nicht irgendwie zum Gehorsam gegen die kirchlichen Oberen verpflichtet ist. Wie wichtig das auch im Vergleich mit der Sachlage in der römischen Kirche ist, es wäre doch nicht genug. Auch nach dem evangelischen Christenthum sollen sich doch die Träger der obrigkeitlichen Gewalt in der Ausübung ihres staatlichen Berufs als Christen durch die Forderungen des Glaubens bestimmen und leiten lassen. Die Hauptsache ist, daß der evangelische Glaube selbst jede Anwendung der staatlichen Gewalt verbietet, welche im Widerspruche mit derjenigen Freiheit des Glaubens und der Religionsübung steht, welche im Wesen der Religion und des Glaubens begründet ist. Es tritt hier überhaupt in Kraft, was über die für den christlichen Staat bestehende Pflicht der Toleranz gesagt ist.

Der christliche Staat, der auf dem Grunde der evangelischen

---

evangelische Christen, und zwar um ihres christlichen Gewissens willen, aufrichtig achten. Es ist auch möglich, daß die Bestrebungen der evangelischen Kirche in einzelnen Fragen, die sich auf das Verhältniß zwischen Kirche und Staat beziehen, mit denen der römischen Kirche zusammentreffen. Aber die Bestrebungen der evangelischen Kirche müssen stets streng durch die Forderungen des evangelischen Glaubens geleitet werden, und von der so vorgeschriebenen Linie dürfen sie sich auch durch augenblickliche scheinbare Opportunitäten niemals ablenken lassen.

Wahrheit steht, muß sich durch dieselbe in allem seinem auf die religiösen und kirchlichen Dinge bezüglichen Handeln leiten lassen. Es gilt das also auch von seinem Verhalten den Konfessionskirchen gegenüber, die durch ihre Irrthümer von der evangelischen Wahrheit abweichen. Der Staat ist durch die evangelische Wahrheit, auf der er steht, in seinem Gewissen frei von falschen Forderungen, welche etwa von solchen Konfessionskirchen als Forderungen des Christenthums an ihn und sein Handeln gestellt werden. Es wird auch nicht fehlen können, daß der Staat in die Lage kommt, die evangelische Wahrheit solchen Konfessionskirchen gegenüber zu vertreten. Aber die evangelische Wahrheit macht es zugleich, wie bereits hervorgehoben ist, dem Staate zur Pflicht, das Recht solcher Kirchen gewissenhaft zu achten. Sie erinnert den Staat daran, daß ihm als Staat die Mittel fehlen, die im Glauben Irrenden von ihrem Irrthum zu überzeugen und in die Wahrheit einzuführen. Sie erinnert ihn überhaupt an die Schranken, die dem berufsmäßigen Handeln des Staats in den kirchlichen Dingen gesetzt sind. Noch mehr. Nach der evangelischen Lehre ist das Christenthum und die Kirche nicht in die Grenzen einer Konfessionskirche, in die Grenzen der wahren Konfessionskirche eingeschlossen. Die evangelische Wahrheit läßt daher den Staat auch in dem Christenthume der mit Irrthümern behafteten Konfessionskirchen das Christenthum und in diesen Kirchen die Kirche erkennen. So bestimmt sie den Staat, das Christenthum auch in diesen Kirchen zu schützen und der Kirche auch in diesen Kirchen die Rechte zu gewähren und sie die Wirksamkeit entfalten zu lassen, auf welche die Kirche nach göttlichem Rechte Anspruch hat. Dem evangelischen Staate, der die Bedeutung des Christenthums auch in seinen durch Irrthümer verderbten Gestalten zu erkennen im Stande ist, wird es sich nicht verbergen können, daß nur ein größerer Schaden entsteht, wenn man die falschen Konfessionskirchen, die man doch nicht in rechter Weise reformiren kann, nicht ihre Wirksamkeit in den Gebieten entfalten läßt, in denen die Kirche zu walten hat, und wenn man sie von den Aufgaben aus= schließt, die doch nur von der Kirche gelöst werden können. Besser römisch=katholisches Eherecht, als naturalistisches, das noch dazu im Gegensatze gegen das religiöse Gewissen vom Staate aufgezwungen würde. Besser römisch=katholische Konfessionsschulen, als confessions= lose, naturalistische Schulen. Je mehr der evangelische Staat das Christenthum und das Recht der Kirche auch in der falschen Konfessions= kirche, auch in der römisch=katholischen Kirche seines Territoriums achtet und schützt, desto kräftiger wird er, unterstützt von der Macht der evangelischen Wahrheit, auf der er steht, das selbständige Recht des Staats und alles, was das Staatswohl fordert, auch der falschen Konfessionskirche, auch der römisch=katholischen Kirche gegenüber und unter ihren Mitgliedern zur Geltung bringen können. Nur wenn der Staat auch bei seiner berechtigten Gegenwirkung gegen Gefahren, die von den Konfessionskirchen her entstehen können, die bezeichnete Stellung des evangelischen Staats zu dem Christenthume und der Kirche in den Konfessionskirchen bewahrt, werden seine Erfolge wirklich heilsame sein können. Richtet er sich aber bei solchem be= rechtigten Kampfe zugleich gegen das Christenthum und das Recht der Kirche in den Konfessionskirchen, so wird er nicht nur seine Aufgabe erschweren und tiefere Zerrüttungen hervorrufen, sondern auch sein Sieg würde nicht zum Wohle des Staats und des Volks gereichen können, weil er nicht blos ein Sieg des Staats und seines Rechts über kirchliches Unrecht, sondern zugleich eine Niederlage des Rechts des Christenthums und der Kirche wäre.

Man sollte meinen, daß jedenfalls bei allen denen, welche durch das Interesse des christlichen Glaubens bestimmt werden, die von uns entwickelten Sätze über den christlichen Staat und sein berufs= mäßiges Verhalten zum Christenthum und zur Kirche der Anerkennung ihres principiellen Rechts gewiß sein müßten. Allein es ist nicht so.

Gegen dieselben werden vielmehr auch im Interesse der Kirche, ihrer Selbständigkeit und Freiheit dem Staate gegenüber, vielfach Einwendungen erhoben. Wie wir gleich im Anfang darauf hinweisen mußten, fordern auch viele gläubige Christen die Trennung des Staats von der Kirche im Sinne des religionslosen, des gegen die religiösen und kirchlichen Dinge indifferenten, naturalistischen Staats.

In der That liegen ja in dem Einflusse des Staats auf die kirchlichen Dinge sehr große Gefahren für die Kirche und das kirchliche Leben. Die lutherische Kirche in Deutschland weiß davon zu sagen, und es ist nicht zu verwundern, daß das Mißtrauen gegen den christlichen Staat und seinen Einfluß auf die kirchlichen Dinge gerade in lutherischen Kreisen weit verbreitet ist. Die Union beruht doch vornehmlich auf dem staatlichen Einflusse. Der Staat kann sich mit dem Irrthum, mit falschen, auflösenden Bestrebungen in der Kirche verbinden, wie er es so vielfach unter dem Einflusse der Aufklärung gethan hat. Er kann auch ohne Rücksicht auf die Wahrheit des Christenthums und das göttliche Recht der Kirche seine politischen Wünsche und Bestrebungen zum Bestimmenden für seine Behandlung der kirchlichen Dinge machen. Er kann die Kirche wegen ihres Einflusses auf das Leben des Volks seinem omnipotenten Willen zu unterwerfen unternehmen. Er kann das alles thun, während er zugleich das Recht des christlichen Staats für sich in Anspruch nimmt. Gerade gegenwärtig droht die Gefahr, daß die kirchlichen Dinge den nationalen und politischen Bestrebungen untergeordnet und auf Kosten der Kirche und ihrer Wahrheit dienstbar gemacht werden. Und wenn sich nun der Staat vom Christenthum lossagen, wenn der Naturalismus über den Staat die Herrschaft erlangen sollte, wird dann nicht der Staat mit demselben Rechte, welches wir dem christlichen Staate zugeschrieben haben, in seinem Sinne, also im Gegensatze gegen das Christenthum und die Kirche in die religiösen und kirchlichen Dinge einzugreifen berechtigt sein?

3*

So kann also wohl der Schein entstehen, als ob die Indifferenz des Staats zu den religiösen und kirchlichen Dingen das Wünschens= wertheste für die Kirche sei, als ob sich im Interesse der Kirche als richtiges Princip für die Regelung des Verhältnisses zwischen Staat und Kirche der Satz empföhle, der Staat habe es allein mit den zeitlichen Dingen zu thun, nicht aber mit dem, was sich auf das ewige Leben bezieht, die religiösen und kirchlichen Dinge lägen gänz= lich außer der Sphäre seines Berufs. Dieser Satz scheint zugleich um so erfolgreicher im kirchlichen Interesse dem Staate gegenüber gebraucht werden zu können, da er zu den Sätzen des Liberalismus gehört und sich leicht als Forderung eines wahrhaften Liberalismus darstellen läßt.

Es ist jedoch dringend vor der Täuschung zu warnen, der man hier zu verfallen Gefahr läuft. Nichts als grundlose Täuschung ist es, wenn man meint, auf dem Grunde der Indifferenz des Staats gegen die religiösen und kirchlichen Dinge lasse sich das rechte, dem Wohle des Staats und der Kirche entsprechendste Verhältniß zwischen beiden herstellen. Die Entwickelungen in der unmittelbaren Gegen= wart sind wohl dazu angethan, die Täuschung, die hier droht, auf= zudecken.

Wir dürfen zunächst nicht aus den Augen lassen, daß der Satz, der Staat habe es allein mit den zeitlichen Dingen zu thun, ein falscher Satz ist, und daß wir die Sache Gottes und der Kirche niemals auf einen falschen Satz stützen dürfen, wie „opportun" das auch zeitweilig scheinen möge. Daß aber jener Satz ein falscher Satz ist und im Widerspruche steht mit der sittlichen Natur des Staats und mit dem Gehorsam gegen den Willen Gottes, zu welchem die Menschen in allem ihrem sittlichen Handeln verpflichtet sind, ist durch unsere Betrachtungen über den Staat dargethan. Der Staat darf allerdings nicht die von Gott der Kirche gegebene Auf= gabe, nämlich „das Amt, das die Versöhnung predigt," zur seinigen

machen, und er darf auch nicht die Vollmachten an sich nehmen, die
Gott der Kirche zur Ausrichtung der ihr gegebenen Aufgabe verliehen
hat. Die beiden Schwerter, das weltliche und das geistliche, sind
in ihrem Unterschiede zu wahren. Aber damit ist nicht gesagt, daß
die Kirche mit ihrer Aufgabe und ihrem Wirken für die Ausrichtung
derselben überall nicht Gegenstand für das Handeln des Staats nach
dem ihm eigenen Berufe werden dürfte. Wir haben vielmehr bereits gezeigt, daß der Staat mit seinem berufsmäßigen Handeln gar
nicht gänzlich beziehungslos zu den kirchlichen Dingen bleiben kann,
und daß er also in irgend welchem Sinne, der immer durch seine
Stellung zu den ewigen Dingen bestimmt sein wird, sein Handeln
auf die kirchlichen Dinge richten muß. Es bleibt immer wahr,
was Melanchthon in den Locis sagt, daß die Obrigkeit „kein
Rinderhirt" sei, sie sei vielmehr über Menschen gesetzt und habe
daher nicht blos dem „Bauche", den zeitlichen Interessen, zu dienen,
sondern sie habe die Menschen als Menschen, d. h. als solche, die
für das ewige Leben bei Gott bestimmt sind, zu regieren. Daraus
folgt aber vor Allem auch dies, daß der Staat den Unterthanen
seinen Schutz und seine Pflege nicht blos in ihren zeitlichen Interessen
schuldet, sondern auch insofern, als sie dessen im Gemeinschaftsleben
der Menschen für ihre ewigen Interessen bedürfen. Es heißt den
Staat tief erniedrigen, es heißt ihn in seinem sittlichen Wesen zer-
stören, wenn man das verneint.

Man verbindet sich also mit dem Irrthum, wenn man sich im
vermeintlichen Interesse der Kirche den Vertretern des bezeichneten
falschen Princips anschließt, und man arbeitet mit an der Zerstörung
der wahren Grundlagen des Staats und des öffentlichen Lebens,
wenn man zur Durchführung dieses falschen Princips mitwirkt.

Aber man meine doch auch nicht, daß man den Staat, der sich
gegen die Kirche und ihr Recht richtet, durch jenes Princip werde
binden können. Der Satz, daß der Staat es nur mit den zeitlichen

Dingen zu thun habe, hat als Mittel des Kampfes gegen den christ=
lichen Staat seine Dienste gethan. Einen Schutz für die Kirche
gegen den Staat gewährt er nicht. Der Staat, der auf das Recht
des christlichen Staats hin, sei es aus politischen Gründen, die er
über die Wahrheit der Kirche und ihr göttliches Recht stellt, oder
aus andern Gründen, etwa im Irrthum über das, was die Wahr=
heit und das Recht der Kirche fordert, den berechtigten Forderungen
der Kirche entgegen tritt, wird sich nicht durch jenes „Princip"
zurückweisen lassen. Es wird nicht einmal einen Eindruck auf ihn
machen können, da er es mit dem vollsten Rechte und in Uebrein=
stimmung mit der evangelischen Lehre unserer Kirche als ein falsches
ablehnen kann. Und auch der Staat, über den die naturalistischen
Bestrebungen die Herrschaft gewonnen haben, wird sich durch jenes
„Princip" nicht schrecken lassen, wie sehr man es ihm auch als die
nothwendige Consequenz des wahren Liberalismus entgegen hielte.
Er wird sich durch dieses Princip nicht ausreden lassen, daß die
Förderung der Bildung und der Wissenschaft Sache des Staats sei,
und er wird vor dem Satze, daß der Staat es allein mit den zeit=
lichen Dingen zu thun habe, nicht stille stehn, wenn die Bildung, auf
die er das öffentliche Leben gründen will, in Konflikt mit der Kirche,
ihrem Recht und ihrem Wirken kommt. Ich denke, in der Gegen=
wart leuchtet die Richtigkeit dieser Behauptungen ohne Weiteres ein.
Schon jetzt wird von Liberalen zwischen den „sachlichen" Zielen der
„Freiheit" und den formellen Forderungen derselben unterschieden,
welche letzteren den ersteren unterzuordnen seien. Immer mehr
wird es in liberalen Kreisen Mode, über Principienreiterei zu spotten
und sich der nutzenbringenderen Realpolitik zuzuwenden. Es werden
freilich nicht alle Liberalen ihre früheren Sätze aufgeben. Aber im
Großen und Ganzen wird, wenn der Liberalismus zur Herrschaft
gelangt, diese Veränderung auch eine Veränderung seiner Theorie
in manchen Stücken zur Folge haben.

Wie bereits hervorgehoben wurde, müssen Staat und Kirche in den so wichtigen gemischten Sachen zusammentreffen und sich irgendwie mit einander auseinandersetzen. Die Indifferenz des Staats zu den kirchlichen Dingen würde nur dann die Vortheile gewähren, welche man sich für die Kirche von derselben verspricht, wenn in diesen gemischten Sachen, den Ehesachen, dem Unterrichts= wesen, welche für die Kirche und das ihr befohlene Werk von der größten Bedeutung sind und die doch auch zur Wirkungssphäre des Staats gehören, der Staat seine berufsmäßige Einwirkung in die allerengsten Grenzen einschränken wollte, um die Kirche in aller Freiheit darin walten zu lassen. Ganz anders aber und überaus schlimm würde sich dagegen die Sache für die Kirche gestalten, wenn der Staat, während er sich indifferent zu den kirchlichen Dingen stellt, dennoch sein Recht in den gemischten Sachen im weitesten Umfange festhielte und ausdehnte, wenn er, um seine Autonomie der Kirche gegenüber zur Geltung zu bringen, in den gemischten Sachen alles einseitig seinem Willen unterwürfe. Es bedarf nicht erst der Ausführung, wie sehr der Kirche dadurch der Raum für ihre noth= wendige Selbstbewegung und die ihr befohlene Wirksamkeit entzogen, wie dadurch ein großer Theil der Kirche, nicht der „Güter" der Kirche, sondern der Kirche selbst säcularisirt würde. Der Staat würde zur Gegenkirche, welcher die staatliche Gewalt als Mittel des Kampfes gegen die Kirche zu Gebote stände. Daß aber der Staat, von dem die Indifferenz gegen die kirchlichen Dinge gefordert wird, sich in den gemischten Sachen freiwillig die Selbstbeschränkung auf= legen sollte, welche im Interesse der Kirche gewünscht werden müßte, läßt sich wohl nicht erwarten, da der Staat durch solche Selbst= beschränkung höchst bedeutungsvolle Gebiete des Einflusses und der Macht aufgeben und in Hände, die ihm ganz fremd wären, abtreten müßte. Er würde in einer solchen Selbstbeschränkung nur eine sehr wesentliche Depontenzirung und die Selbsthingabe in die Discretion einer fremden Macht sehen müssen. Der Staat kann überhaupt die gemischten Sachen gar nicht gänzlich aus seiner Hand geben und der Kirche allein überlassen. Und in welchem Geiste soll er denn in diesen Gebieten seine Wirksamkeit entfalten, wenn er gegen das Religiöse indifferent sein soll? Gerade die gemischten Sachen, in denen Staat und Kirche ihre Wirksamkeit vereinigen oder einander hemmen, bekämpfen und verdrängen müssen, legen mit aller Evidenz die Nothwendigkeit und die Bedeutung eines positiven Bundes zwischen Staat und Kirche dar.*)

Sagt sich der Staat vom Christenthum los, unternimmt er es, von einer andern Basis aus als der des christlichen Staats und nach einer anderen Regel als einer solchen, welche durch das göttliche Recht der Kirche bedingt wird, sein Verhältniß zur Kirche zu ordnen, so ist für die Kirche, wenn sie ihrem Auftrage und ihrer Pflicht nicht untreu werden will, keine andere Lage denkbar als die des Kampfes für ihr Recht, welcher Kampf auf allen Gebieten, wo sie mit dem Staate zusammentrifft, zu führen sein und dessen Erfolg von der Kraft abhängen wird, den die Kirche in sich selbst, auf ihrem göttlichen Grunde findet. Es wird dann immer nur zu Kompromissen

---

*) Man lasse sich nicht durch die nordamerikanischen Zustände täuschen, die ja zudem sehr weit davon entfernt sind, in jeder Beziehung mustergültige zu sein. Das, was täuschen könnte, die freie Bewegung nämlich, welche den kirchlichen Gemeinschaften bei der Indifferenz des Staats gegen die kirchlichen Unterschiede gewährt ist, beruht darauf, daß in Folge der eigenthümlichen Bedingungen, unter denen die nordamerikanischen Staaten entstanden sind und entstehen, die Staatsgewalt überhaupt eine sehr eingeschränkte und nach vielen Seiten hin sehr unentwickelte ist. Es ist das alles aber mit der fortschreitenden Entwickelung ein immer mehr Verschwindendes. Und mag auch bei uns eine starke Reaktion gegen die immer weiter fortschreitende Verstaatlichung von Allem, welche Reaktion besonders auch im Interesse der Kirche zu wünschen ist, immer nothwendiger sich erweisen und immer erfolgreicher sich durchsetzen, die Verwirklichung nordamerikanischer Zustände wäre ebensowenig wünschenswerth, als sie möglich ist.

zwischen Staat und Kirche kommen, welche mehr oder weniger günstig
für die Kirche sind, niemals aber, so lange die rechte Grundlage
nicht wiedergefunden würde, würde es zu einer Gestaltung des Verhältnisses zwischen Staat und Kirche kommen können, in welcher
beide ihr Recht und ihre Ziele gesichert sähen, und ebendeßhalb auch
zu keiner in sich wahren und dauernden Gestaltung. Denn — eben
das ist eine durch keine Zeitentwickelungen zu beseitigende in der
Natur der Dinge begründete unveränderliche Wahrheit, — das rechte
Verhältniß zwischen Staat und Kirche ist nur dann realisirbar, wenn
sich der Staat in seinem auf die kirchlichen Dinge bezüglichen Handeln
durch die erkannte und anerkannte göttliche Wahrheit des Christenthums bestimmen läßt, also nur realisirbar von der Basis des christlichen Staats aus.

Es ist von entscheidender Bedeutung, diese Wahrheit stets und
unter allen Umständen unverrückt vor Augen zu behalten.

Man sage nicht, die Frage nach dem christlichen Staat und
nach der Art, wie sich zwischen dem christlichen Staate und der Kirche
das Verhältniß gestalte, habe mehr nur noch eine theoretische Bedeutung, da sich die Praxis wohl unter der Voraussetzung des nicht
christlichen Staats zu gestalten haben werde. Die Kirche muß sich
unstreitig auf diese Eventualität und die dornenvollen Pfade rüsten,
die sie dann zu gehen haben wird. Es würde dann selbstverständlich
ihre nächste Sorge darauf gerichtet sein müssen, ihre eigenen Aufgaben
so, wie es durch den gewordenen Zustand des öffentlichen Lebens
gefordert wäre, zu erfüllen. Die Herstellung des christlichen Staats
und des auf denselben zu gründenden rechten Verhältnisses zwischen
Staat und Kirche ist nicht unbedingt Aufgabe der Kirche; das kann
sie schon deßhalb nicht sein, weil die Lösung dieser Aufgabe nicht
von der Kirche allein abhängt. Dennoch wäre auch dann die Erkenntniß, daß der Staat nur als christlicher seine eigene wahre Verwirklichung finden kann und daß nur von der Basis des christlichen

Staats aus das rechte Verhältniß zwischen Staat und Kirche her=
stellbar ist, schon deßhalb unentbehrlich für die Kirche, weil sie nur
durch diese Erkenntniß in den Stand gesetzt würde, die gewordenen
Zustände richtig zu beurtheilen und sich vor falschen Hoffnungen und
Illusionen sowie davor zu hüten, daß sie die Ziele, welche sie zu
erstreben hat, von falschen Voraussetzungen aus bestimme. Die
Kirche wird auch dann ihre eigenen Aufgaben im öffentlichen Leben
nicht vollziehen können, ohne überall in Berührung mit dem Staate
zu kommen. Sie wird sie, wie bereits hervorgehoben werden mußte,
nur im Kampfe mit dem Staate und mit den Einflüssen seiner
Gesetzgebung und Wirksamkeit vollziehen können. Wie soll aber die
Kirche diesen Kampf in rechter Weise führen können, wenn sie sich
in demselben nicht beständig durch die rechte, mit der evangelischen
Wahrheit übereinstimmende Erkenntniß vom Berufe des Staats und
seinen Beziehungen zur Kirche leiten läßt? Die Kirche darf niemals
aufhören, ihr göttliches Recht und den ihr von Gott gegebenen
Befehl, zu lehren alle Völker, dem Staate gegenüber geltend zu
machen, wie sich auch der Staat zu ihr stellen mag. Aber sie wird
das in rechter Weise nur thun, wenn sie zugleich dem Staate gibt,
was dem Staate gehört. Sie darf niemals principiell dem Staate
etwas absprechen, was der Beruf des Staats nach dem Willen
Gottes in sich schließt. Sie darf sich im Kampfe für ihr Recht dem
Staate gegenüber niemals auf falsche Principien stützen und niemals
mit falschen Bestrebungen verbinden, welche augenblickliche Vortheile
davon auch zu hoffen sein mögen. Solche augenblickliche Erfolge
könnten doch nur scheinbare, nur unreine und unsichere sein. Die
Kirche soll die unveränderlich treue Zeugin der unveränderlichen,
einigen Wahrheit sein, auch dem Staate gegenüber. So darf sie
also, wenn sie ihrem Berufe, das Wort Gottes allen Völkern zu
verkünden, nicht untreu werden will, auch niemals aufhören, dem
Staate zu bezeugen, was Gottes Wille von dem Staate fordert.

Welches auch der letzte Ausgang der Kämpfe sein möge, in die die
Kirche hineingezogen wird, die Kirche kann den Kampf für ihr Recht
nicht recht führen, ohne zugleich für den christlichen Staat, für seine
Wiederbefestigung oder Wiederherstellung zu kämpfen. Wenn nicht
alles täuscht, wird die Kirche, wenigstens in der nächsten Zukunft,
gar nicht dem Staate, der sich offen vom Christenthum lossagt,
gegenüberstehen. Wenn nicht alles täuscht, wird der Staat, während
er unter dem Einflusse naturalistischer Auffassungen sein Verhältniß
zur Kirche gestaltet, dennoch die Verbindung mit dem Christenthum
und auch mit der Kirche in der Weise festhalten wollen, wie es ihm
durch die Nothwendigkeiten des Staats gefordert und nach dem
Recht des Staats der Kirche gegenüber gerechtfertigt zu sein scheint.
Aber auch dann, wenn sich der Staat principiell und offen als
religionsloser Staat auf die naturalistische Basis stellen sollte,
wäre doch auch dadurch, wie wir früher sahen, der christliche Charakter
des Staats noch keineswegs gänzlich beseitigt und der Kampf zwischen
dem Christenthum und dem Naturalismus im Staate noch keineswegs definitiv entschieden. Es kann also gar keinem Zweifel unter-
liegen, daß die Kirche den Kampf für ihr Recht gegen den Staat
nur recht führen wird, wenn sie ihn von der Basis des Begriffs
des christlichen Staats aus führt, wenn sie, während sie ihr göttliches
Recht und seine Forderungen dem Staate gegenüber unverrückt
vertreten muß, doch zugleich in keinem Augenblicke aufhört, dem
Staate mit der Idee des christlichen Staats die rechte Lösung des
Problems, das sich an das Verhältniß zwischen Staat und Kirche
knüpft, vorzuhalten und ihrerseits entgegenzubringen. Je mehr es
ihr gelingt, in diesem Sinne ihren Kampf recht zu führen, was denn
selbstverständlich zugleich in sich schließt, daß sie als Recht der Kirche
nichts fordert, als was das klare Wort der heiligen Schrift feststellt,
und im Uebrigen, so weit es dies unveräußerliche Gottesrecht der
Kirche gestattet, dem Staate und dem was er für nothwendig hält

in aller Willigkeit entgegenkommt, desto mehr darf sie hoffen, von dem Staate, der sich nicht von dem Christenthum lossagen will, wenn auch erst nach schweren Verwickelungen die Anerkennung ihres Rechts zu erlangen, oder, wenn der Staat sich auf die naturalistische Basis offen stellen sollte, ihrerseits dazu zu helfen, daß mit dem christlichen Staate die rechten Grundlagen des öffentlichen Lebens überhaupt und des Verhältnisses zwischen Staat und Kirche wieder-gewonnen werden. Und sollte diese Hoffnung eine gänzlich grund-lose sein? In der Gegenwart reiht sich freilich für die Kirche immer rascher Niederlage an Niederlage. Aber darf man den geschichtlichen Gang der Dinge nach dem gegenwärtigen Augenblicke beurtheilen? Erst dann, wenn der Staat von der neuen Basis aus, auf die er sich stellt, die Lösung der Aufgaben unternimmt, welche ihm den kirchlichen Dingen gegenüber gestellt sind, wird er auf die innern Unmöglichkeiten und auf die unauflöslichen Schwierigkeiten stoßen, in die ihn seine falsche Basis verwickelt. Und auch noch nach einer anderen Seite hin wird sich dann in unfehlbar eintretenden Folgen die Wahrheit dessen mit aller Evidenz erweisen, was die Kirche über die sittliche Natur des Staats und über die damit gegebene unauf-lösliche Abhängigkeit seiner sittlichen Voraussetzungen von der Religion und ihrer Wahrheit, also über das Recht und die Bedeutung des Begriffs des christlichen Staats zu lehren hat. Die falschen natura-listischen Principien, zur Grundlage des Staats gemacht, werden das Verderben und die Auflösung des staatlichen Lebens zur Folge haben. Je mehr sich diese Consequenzen vollziehen und zu Tage treten, desto mehr wird sich auch im Volke wieder das Verständniß für die Lehre der Kirche verbreiten, und desto mehr werden sich mit den Bestrebungen der Kirche alle Interessen für ein recht begründetes und befestigtes staatliches Leben verbinden. Der moderne Staat, ehe er seine vollendete Verwirklichung findet, wird noch sehr mannich-fache Entwickelungsphasen unter sehr verschiedenen Verhältnissen und Schickungen zu durchlaufen haben, und wenn er fertig sein wird, wird er jedenfalls eine wesentlich andere Gestalt darbieten, als diejenigen meinen, die sich gegenwärtig als die eigentlichen Hierophanten desselben darzustellen lieben. Das Einreißen des Alten und das Aufbauen des Neuen sind zwei sehr von einander unterschiedene Dinge. Es wäre allerdings sehr unbegründet, wenn man sich in Betreff der Zukunft und der Ausgänge der gegenwärtigen Kämpfe einer optimistischen Hoffnungsseligkeit hingeben wollte. Es gibt für die Einzelnen und für die Völker ein Fallen, aus dem sie nicht wieder aufstehen. Sieht man auf das, was sichtbar ist und vor Augen liegt, so findet man keinen sichern Anhalt für die Hoffnung. Aber wir sollen auch nicht nach dem, was sichtbar ist, urtheilen; und richtet man den Blick von unten nach oben auf den HErrn, so wird alles wieder von der Gewißheit überwogen, daß Er auch heute noch ein sehr gnädiger und ein sehr wunderbarer Gott ist, und daß also nicht unmöglich ist, was uns jetzt so erscheint. Welches aber auch immer nach Gottes Willen der Gang der Dinge in der Zukunft sein mag, die Kirche darf jedenfalls niemals aufhören, die Wahrheit, die ihr anvertraut ist, voll und rein auch für den Staat festzuhalten und zu bezeugen. Nicht an der Kirche, nicht daran, daß sie ihren Beruf als Hüterin und Predigerin der Wahrheit Gottes versäumt, darf auch nur ein Theil der Schuld liegen, wenn unser Volk diese Wahrheit Gottes verlieren oder nicht wieder finden sollte.

Anhang.

Ueber das neue preußische Schulaufsichtsgesetz.

Durch das neue preußische Schulaufsichtsgesetz ist, obwohl durch dasselbe nach den Erklärungen der Minister eine Lossagung vom Christenthume und die Beseitigung jeden Einflusses der Kirche auf die Schule nicht bezweckt wird, dennoch unstreitig die Grundlage für das rechte Zusammenwirken des Staats und der Kirche im Schulwesen principiell zerstört. Das Gesetz, welches nach der Erklärung des Kultusministers im preuß. Abgeordnetenhause die zweifellose Klarstellung des Satzes bezweckt, daß alle Beamten und alle Behörden, die mitzuwirken haben bei der Schulaufsicht, dabei im Namen des Staates handeln, welches nach eben dieser ministeriellen Erklärung will, daß der Geistliche, der dabei thätig ist, sein Mandat vom Staate habe und anerkenne, daß er solches habe vom Staate und nicht von seiner Stellung in der Kirche, beruht, wie es sich als Ausführung der Verfassungsurkunde von 1850 gibt, auf der Voraussetzung, daß die Schule Staatsanstalt geworden ist, daß die Volksschule, um die es sich zunächst und vor Allem handelt, und welche bisher der Kirche und dem Staate gehörte, fortan allein dem Staate gehören soll. Auch das hat der Kultusminister ausdrücklich und wiederholt in

feiner Rede ausgesprochen.*) Das Gesetz setzt also die Säcularisation
der Schule als vollzogen voraus. Der thatsächliche Bestand war
bisher auch in Preußen ein anderer. Nach dem preuß. Landrecht
Th. 2. Tit. 12. steht Aufsicht und Direktion über die „gemeinen"
Schulen neben der Obrigkeit jedes Orts der Geistlichkeit der Ge=
meine zu, zu welcher die Schule gehört. Den „Kirchenvorstehern"
einer jeden Gemeinde auf dem Lande und in kleinen Städten ist die
Aufsicht über die äußere Verfassung der Schulanstalt und über die
Aufrechterhaltung der dabei eingeführten Ordnung übertragen. Und
unter der Voraussetzung, daß die Schulen bestimmten Kirchen und
Kirchgemeinden angehören, wird bestimmt, daß Niemandem, wegen
Verschiedenheit des Glaubensbekenntnisses der Zutritt in öffentliche
Schulen versagt werden soll. In dem allen ist anerkannt geblieben,
daß die Schule, die sich seit der Reformation nicht als Staatsinstitut,
sondern als Schule der Kirche allerdings unter Mitwirkung des
Staats und auf Grund der engen Verbindung zwischen Staat und
Kirche gebildet und entwickelt hatte, auch ferner der Kirche wie dem
Staate gehören solle. Nicht ohne Grund stützt sich freilich gegen=
wärtig die preußische Regierung auf die Verfassungsurkunde von 1850.
In derselben wird die öffentliche Volksschule, neben welcher freilich
unter staatliche Aufsicht gestellte Privat=Unterrichts= und Erziehungs=

---

*) So sagte derselbe z. B.: „Man legt demnächst Gewicht auf die
ganze historische Entwickelung der Verhältnisse der Kirche zur Schule; man
hebt hervor, die Lehre sei der Kirche von Gott gegeben; man betont die
Verminderung des Einflusses der Kirche durch dieses Gesetz. Man hat uns
heute speciell hingewiesen auf den Gang der Schulgesetzgebung im Preuß.
Staate — — — Ja, m. H., diese Hinweisungen und manche andere Ent=
wickelungen reconstruiren mir den Kampf, der Statt hatte, als es sich um
Schaffung dieses Verf.=Art 23 handelte (S. r.! L.); aber, m. H., dieser
Kampf mit diesen Gründen — über deren Berechtigung ich nicht urtheile, es
liegt viel Berechtigtes vielleicht darin — der ist damals ausgekämpft worden,
die Sache ist entschieden."

anstalten gestattet sind, einfach als Staatsanstalt hingestellt. Die
Gemeinden, denen die Leitung der äußern Angelegenheiten der Schule
zugestanden wird, sind die bürgerlichen Gemeinden. Bei der Er-
richtung der öffentlichen Volksschulen soll auf die confessionellen
Verhältnisse möglichst Rücksicht genommen werden. Den religiösen
Unterricht in der Volksschule leiten die betreffenden Religionsgesellschaften. Alle diese Bestimmungen lassen wohl keinen Zweifel dar-
über zu, daß nach der Verfassungsurkunde von 1850 die Schule
einfach Staatsanstalt sein soll. Aber die Bestimmungen derselben
über das Schulwesen sind bisher todtes Recht geblieben, da eine
Uebergangsbestimmung dieser Verfassungsurkunde feststellt, daß bis
zum Erlaß eines Unterrichtsgesetzes es hinsichtlich des Schul- und
Unterrichtswesens bei den bisher geltenden gesetzlichen Bestimmungen
bewenden solle. Bis jetzt bestand also faktisch auf dem Gebiet des
Schulwesens das Verhältniß zwischen Staat und Kirche in der durch
das allgemeine Landrecht festgestellten Weise fort, und erst durch das
neue Schulaufsichtsgesetz ist das in der Verfassungsurkunde unter den
Nachwirkungen des Jahres 1848 aufgestellte Princip in die Wirklichkeit eingeführt. Durch das neue Schulaufsichtsgesetz ist die Kirche
als solche von jeder Theilnahme an der Schulaufsicht ausgeschlossen,
denn auch wenn die Geistlichen als Schulinspektoren fortfungiren, so
thun sie dies lediglich als Beamte des Staates, mit einem Mandat,
von dem sie anerkennen, daß sie es vom Staate und nicht von
ihrer Stellung in der Kirche haben. Dazu kommt, daß durch das
Schulaufsichtsgesetz auch nicht einmal das verwirklicht ist, was durch
die Verfassungsurkunde den betreffenden Religionsgesellschaften mit
der Leitung des religiösen Unterrichts in der Volksschule zugesichert
ist. Diese Zusicherung verbleibt vor der Hand todtes Recht; ihre
Verwirklichung ist dem zukünftigen Unterrichtsgesetze vorbehalten.
Allerdings war schon seit lange unter der Herrschaft territorialistischer
Behandlung des Kirchenregiments das Schulwesen faktisch der Kirche

dadurch immer mehr entzogen, daß dasselbe in den höheren In=
stanzen besondern staatlichen Schulbehörden überwiesen war. In
der Theilnahme der Geistlichen an der Schulinspection hatte sich
nur ein letzter Rest des alten Rechts der Kirche an der Schule
erhalten und die evangelische Kirche hatte sich über diesen Verlust
damit zu trösten, daß die Regierung zugleich die oberste Spitze des
Kirchenregiments der evangelischen Landeskirche und als solche der=
selben verpflichtet war. Durch das neue Schulaufsichtsgesetz ist der
Kirche auch der letzte Rest ihres alten Rechts an der Schule ge=
nommen und derselbe in den Besitz des Staates überwiesen und
zwar auf Grundlage von Principien, welche nach ausdrücklicher Be=
stimmung derselben Verfassungsurkunde die Trennung von Staat
und Kirche in sich schließen, so daß, was an den Staat gekommen
ist, nun demselben im Unterschiede von der Kirche und ohne Rücksicht
auf sein Verhältniß zur Kirche gehört. Man sieht, wie theuer der
Kirche auf dem Gebiete des Schulwesens die territorialistische Ent=
wickelung des Kirchenregiments zu stehen kommen kann. Die prin=
cipielle Tragweite des neuen preuß. Schulaufsichtsgesetzes liegt nach
dem Gesagten klar genug vor, und das Jubelgeschrei über dasselbe von
Seiten aller derer, die der Kirche des positiven christlichen Glaubens
feindlich gegenüberstehen, ist erklärlich genug. An der principiellen
Tragweite des Gesetzes können auch die Absichten der gegenwärtigen
preußischen Regierung nichts ändern, und darum auch die Erklärungen
der Minister nicht, daß die Absicht fern liege, die Schule zu ent=
christlichen. Man braucht durchaus nicht an der Aufrichtigkeit dieser
ministeriellen Erklärungen zu zweifeln. Man braucht auch daran
nicht zu zweifeln, daß die ernstliche Absicht besteht, bald ein Unter=
richtsgesetz zu erlassen, worin die in der Verfassungsurkunde den
Religionsgesellschaften garantirte Leitung des religiösen Unterrichts
in der Volksschule zur Verwirklichung gebracht wird. Man muß
dennoch sagen, daß der große und verhängnißvolle Schaden, der durch

4

das Gesetz begründet wird, trotz dem Allen derselbe bleibt. Dieser Schaden liegt eben darin, daß die Schule der Kirche genommen und einseitig zur Staatsanstalt gemacht ist. Auf dieser Basis kann zwar der Staat die Absicht haben, die Schule vom Christenthume nicht loslösen und deßhalb auch den Geistlichen und den Kirchen unter seiner Aufsicht und Direktion jeden Einfluß auf die Schule nicht entziehen zu wollen. Der Staat würde nicht weit kommen, wenn er die Schule entchristlichen und den Kirchen jeden Einfluß auf dieselbe versagen wollte. Aber es kann auf der Basis, auf welche das Schulwesen durch das Gesetz gestellt ist, nicht dasjenige Recht an der Schule und derjenige Einfluß auf dieselbe der Kirche gewährt werden, worauf sie Anspruch machen muß, wenn sie dem ihr von Gott gegebenen Berufe nicht untreu werden will und also mit gutem Gewissen überall an der Schule soll Theil nehmen können. Man erinnere sich nur an die wahren Grundverhältnisse, wie sie hier in Betracht kommen. Die Volksschule, in der neben dem Unterricht die Erziehung von wesentlicher Bedeutung ist, kann nicht gedeihen, wenn in ihr der Religionsunterricht nur ein Fach neben andern Unterrichtsfächern bildet, wenn nicht der Unterricht und die Erziehung überhaupt auf dem religiösen Grunde ruht, wenn nicht die Religion die alles durchdringende Seele der Schule ist. Alles aber, was dazu nothwendig ist, kann die Schule und der Lehrer nur von der Kirche empfangen. Der Kirche ist von Gott der Befehl gegeben, zu lehren alle Völker. Der Kirche sind die Kinder durch die Taufe als solche eingepflanzt, welche durch sie im Glauben unterwiesen und erzogen werden sollen. Die Kirche, die so ein göttliches Recht auf die Unterweisung und Erziehung der ihr zugehörigen Kinder im Glauben hat, besitzt auch in dem ihr zur Verwaltung befohlenen Worte allein das Mittel, diese Aufgabe zu erfüllen. So gehört ihr kraft göttlichen Rechts die Schule nach ihrer wesentlichsten und grundlegenden Seite. Sie darf auch die Lehre, die ihr von Gott befohlen ist, gar nicht an eine ihr mit eigenem, unabhängigen Rechte gegenübertretende Anstalt überlassen. Der Staat dagegen greift über seinen ihm von Gott gegebenen Beruf hinaus, wenn er die Schule, die auch den Unterricht in der Religion in ihren Bereich zieht, zur reinen Staatsanstalt der Kirche gegenüber macht. Der Staat hat auch gar nicht die Mittel, die Aufgabe, die er an sich nimmt, zu lösen. Mit welcher Autorität will der Staat nur die Unterweisung getaufter Christenkinder in der Religion an sich nehmen und Einzelnen übertragen? Auf Grund welcher Autorität soll der Lehrer in der Volksschule Christenkindern Unterweisung in ihrem Glauben geben? Auf welche Autorität stützt er sich dabei den christlichen Eltern der Kinder gegenüber? Der Staat, welcher selbst diese Autorität nicht besitzt, kann dieselbe dem Lehrer nicht geben. Sie kann demselben nur von der Kirche gegeben werden, wohl= gemerkt von der Kirche, nicht etwa von der Geistlichkeit im Unter= schiede von der Kirche. Der Lehrer der Volksschule kann also die Autorität zur Lehre in der christlichen Religion nur von dem Kirchen= regiment erhalten. Es heißt das Recht der Kirche verneinen und eine Gegenkirche in der Schule aufrichten, wenn man in ihr eine von der Kirche unabhängige Lehrautorität in Sachen der Religion aufrichtet. Wenn aber die Kirche durch ihr Regiment dem Lehrer der Volksschule die Autorität zum Unterricht der ihr angehörenden Kinder in ihrem Glauben zu ertheilen hat, so muß auch der Lehrer fortdauernd in dem damit gegebenen Abhängigkeitsverhältniß von der Kirche stehen. Die Kirche muß das Recht haben, die Autorität, die sie ertheilt hat, zurückzunehmen, wenn sie gemißbraucht wird. Die Kirche muß also eine Aufsicht über die Schule nach eigenem Rechte haben. Der Staat wird also nicht feststellen dürfen, daß alle Beamten und alle Behörden, die mitzuwirken haben bei der Schulaufsicht, dabei im Namen des Staats handeln. Neben der staatlichen Schulaufsicht wird der Staat ein Aufsichtsrecht der Kirche

4*

anerkennen und gelten lassen müssen. Hält es der Staat für nöthig, seine staatlichen Aufsichtsbehörden gesondert von den kirchlichen zu organisiren, um ungehemmt seine Aufgaben an der Schule lösen zu können, so wird er doch das der Kirche zukommende Aufsichts= recht nicht hindern dürfen. Und hat der Staat unstreitig das vollste Recht, mit aller Schärfe gegen Alles einzuschreiten, was im Gegen= satze gegen den christlichen Unterthanengehorsam und die christliche Unterthanentreue etwa unter kirchlichem Einflusse in die Volksschule eindringen und durch dieselbe sich zur Geltung bringen will, so ist er doch nach göttlichem Rechte ebenso auch verpflichtet, die Kirche nicht an der Ausübung ihres Rechts zu hindern. Und noch eins. Wer wird die Lehrer zu ihrem Berufe als Lehrer im Glauben der Kirche vorzubereiten haben? Wird nicht die Kirche nach ihrem eigenen Recht bei den Schullehrerseminarien betheiligt sein müssen? Oder ist nicht eben die Erziehung der Lehrer für ihren Beruf von der größten Bedeutung dafür, daß sie ihre Aufgabe als Religionslehrer im Dienste der Kirche recht vollziehen und zu vollziehen im Stande sind? Was hat wohl ohne das die Leitung des religiösen Unterrichts in der Volksschule von Seiten der Kirche für eine Bedeutung, be= sonders Lehrern gegenüber, die als Staatsbeamte allein von ihren vorgesetzten staatlichen Behörden abhängen? Doch genug. Der Kirche kann ihr Recht an der Schule nur werden, wenn der Staat die= selbe nicht einseitig nur als Anstalt des Staats behandelt, wenn er vielmehr, wie der Schulgemeinde auf Grund des Rechts der Eltern an ihren Kindern, so auch der Kirche, nicht blos einzelnen Geistlichen nach seinem Gutbefinden und als seinen Beamten, sondern der Kirche einen Antheil nach eigenem, selbständigen Rechte an der Schule läßt. Nur dann wird es auch möglich sein, den christlichen Charakter der Schule zu bewahren. Der Staat, auch wenn er es will, vermag den christlichen Charakter der Schule auf die Dauer nicht sicher zu stellen. Auf die Schule als Anstalt des Staats haben alle politisch berechtigten Mitglieder des Staats dasselbe Recht, und die Art, wie die Schule des Staats zu behandeln ist, hängt im modernen Staat wesentlich mit von dem in der Repräsentation des Volks sich geltend machenden Volkswillen ab. Und so darf ich es wohl als erwiesen ansehen, daß auf der Basis, die das neue preußische Schulaufsichtsgesetz geschaffen hat, ein rechtes Zusammen- wirken von Staat und Kirche in der Schule zum Heile der Schule, des Staats und der Kirche nicht möglich ist. Aber man hoffe auch nicht zu viel von dem in Aussicht gestellten Unterrichtsgesetze und der darin zu erwartenden Ausführung der Bestimmung der Ver- fassungsurkunde über die Leitung des religiösen Unterrichts in der Volksschule durch die betreffenden Religionsgesellschaften. Wie schon gesagt, ruhen die Bestimmungen der Verfassungsurkunde über die Schule ebenfalls auf der Voraussetzung, daß die öffentliche Schule reine Staatsanstalt ist. Jedenfalls haben dieselben in diesem Sinne durch das Schulaufsichtsgesetz eine sehr gewichtige Interpretation erfahren. Zudem kann der Kirche die Leitung des „religiösen Unter- richts" nicht genügen; es wird sich für sie immer um die religiöse Haltung der Schule überhaupt handeln müssen. Und was heißt denn eigentlich Leitung des religiösen Unterrichts? Was kann es heißen, so lange mit dem neuen Schulaufsichtsgesetz der von dem Kultusminister formulirte Satz in Geltung bleibt, daß alle Be- amten und alle Behörden, die mitzuwirken haben bei der Schul- aufsicht, dabei im Namen des Staats handeln, und wenn dies nach der Erklärung des Kultusministers damit identisch ist, daß den religiösen Gesellschaften eine Mitaufsicht über die Schule nicht zu gewähren sei? Allerdings wird möglicherweise durch das Unterrichts- gesetz das Schulaufsichtsgesetz wieder beseitigt werden können. Aber wird man auf eine günstigere Stimmung für Anerkennung des Rechts der Kirche an der Schule rechnen dürfen? Und doch wäre unstreitig die allerfreundlichste Auslegung des Satzes der Verfassungsurkunde über die Leitung des religiösen Unterrichts nothwendig, wenn auf Grund desselben das Recht der Kirche an der Schule, wie sie es fordern muß, zur Anerkennung kommen sollte. Die Fragen zwischen Staat und Kirche in den gemischten Sachen können übrigens ihre Erledigung erst finden, wenn das Verhältniß zwischen der Kirche selbst und dem Staate geordnet sein wird.

———

Druck von E. Pöschel & Co. in Leipzig.